Au pied de la lettre

Manuel de lecture, de vocabulaire d'expression orale et écri

Lynda Dupuis
Carleton University

Kendall Hunt
publishing company

Cover image © Shutterstock, Inc.

Kendall Hunt
publishing company

www.kendallhunt.com
Send all inquiries to:
4050 Westmark Drive
Dubuque, IA 52004-1840

Printed in the United States of America
10 9 8 7 6 5 4 3 2

Table des matières

CHAPITRE 6

CHAPITRE 7

CHAPITRE 8

Preface

Designed as a teaching tool for French as a foreign language courses from intermediate to advanced level, *Au pied de la lettre* presents a set of texts that develop skills in active reading and in the acquisition of new and diverse vocabulary. A careful selection of both current and timeless topics has determined the selection of the texts. The topics include those that are typically hard to avoid among all readers, especially among college and university students, and offer students the opportunity to communicate in French and compare ideas with their peers

Au pied de la lettre consists of eight articles written by psychologists from the University of Montreal to help the post secondary student community to address their problems and to highlight the concerns of all young adults who have decided to pursue college or university. Therefore, you will find texts in this book that deal with difficulties in adapting to a new lifestyle and optimal solutions for good intellectual development. Additional texts deal with learning styles, as well as with the goal of increasing student awareness of the need of better self-knowledge and the use of available resources. Finally, other texts provide students with practical means (tools, quizzes, advice) to develop their best assets and to highlight their potential as young adults in a learning situation.

As a teacher, I wanted to offer an attractive manual that is easy to use and accessible for students with a basic knowledge of French. In this context, and with the permission of the authors, I have somewhat revised the texts in order to make them slightly easier. My first goal is to encourage students to read and to do so by using effective strategies for the development of meaningful comprehension.

The proposed questions are also intended as an incentive to extend the reading by oral expression activities, written expression and the acquisition of new vocabulary, with the goal of making the French course enjoyable and interesting.

Each of the eight chapters corresponds to a specific topic of discussion that includes a variety of exercises. These involve a succession of top-down and bottom-up strategies that follow these four steps: *Warm-up, Reading Comprehension, Vocabulary* and *Comments.*

1. **Warm-up.** This is a pre-reading section that includes general questions on the chosen topic. The exercises are intended both to introduce the subject of the article and to prepare the student for the acquisition, expression and communication

activities that will follow. This activity goes along well with group activity and is an oral activity.

2. **Reading Comprehension.** This section includes general and more detailed questions.

   ● General questions allow the student to place the article in space and time. Students learn to identify keywords and to identify themes or key ideas by using titles and subtitles from the first reading.

   ● The detailed Reading Comprehension questions present the overall perspective expressed in the text and highlight the relevant information of each paragraph.

   ● The Reading Comprehension exercises can be prepared outside the classroom. Students will discover the degree of their understanding by themselves while making corrections using the answer key or while in the classroom with the teacher. This will provide them with the opportunity to ask new questions about paragraphs that remained unclear.

3. **and 4. Vocabulary and Vocabulary Extension.** The goal of these sections is to develop an understanding of the vocabulary and phrases within the text, their relation to the topic and their relation to other words in the text. This is the study of words in all their dimensions (morphological, semantics, syntactic and paradigmatic). The techniques used are varied and can include the use of the dictionary in finding synonyms, antonyms and derivatives, and in using them in various contexts. These activities, oral or written, present the opportunity to work within the restrictions of language in a fashion that can be creative and fun. These activities encourage the retention of forms, meanings and rules for the use of words in order to improve the skills of the student and ultimately to promote the enjoyment of reading in French.

5. **Comments.** This section encourages the learner to reuse the vocabulary and knowledge acquired during the previous activities. Diverse topics encourage self-expression as much as possible. There are many aspects and questions raised about each topic. This section accompanies discussions, debates, role-playing and other activities and the preparation of numerous written products according to class interests. These may be announcements, articles, emails or short compositions.

Préface

Conçu comme outil pédagogique pour des cours de français langue étrangère de niveau intermédiaire à avancé, *Au pied de la lettre* propose un ensemble de textes qui permettent de développer des compétences au niveau de la lecture active et de l'acquisition d'un vocabulaire nouveau et varié. De plus, une sélection soignée de thèmes à la fois actuels et durables a déterminé le choix des textes présentés. Des thèmes susceptibles d'éveiller, chez tous les lecteurs et en particulier chez les étudiants de niveau collégial et universitaire un réel besoin de communiquer en français et l'envie aussi de confronter leurs idées avec celles de leurs semblables.

Au pied de la lettre consiste en huit articles écrits par des psychologues de l'Université de Montréal dans le but d'aider la communauté étudiante postsecondaire à résoudre certains problèmes qui lui sont propres et à mettre en lumière les préoccupations de l'ensemble des jeunes adultes ayant décidé de poursuivre des études au collège ou à l'université. Ainsi, trouve-t-on, par exemple, des textes qui traitent des difficultés d'adaptation à un nouveau mode de vie et des solutions optimales pour un bon épanouissement intellectuel, d'autres qui touchent aux styles d'apprentissage et qui visent à faire prendre conscience à l'étudiant de la nécessité de se bien connaître lui-même et de savoir recourir aux ressources disponibles, d'autres enfin qui fournissent à l'étudiant des moyens concrets (outils, questionnaires, conseils) de réunir ses meilleurs atouts et de mettre en valeur tout son potentiel de jeune adulte en situation d'apprentissage.

En tant qu'enseignante, j'ai voulu offrir un manuel attrayant, facile à utiliser et accessible aux étudiants n'ayant qu'une connaissance élémentaire du français. Dans cette optique et avec la permission des auteurs, j'ai donc quelque peu remanié les textes pour leur donner une forme légèrement simplifiée, mon objectif premier consistant à inciter l'étudiant à lire et, pour ce faire, à exercer des stratégies efficaces d'élaboration du sens et de compréhension.

Les questions proposées se veulent aussi une incitation à prolonger la lecture par des activités d'expression orale, d'expression écrite et d'acquisition du vocabulaire qui, espérons-le, sauront rendre le cours de français agréable et intéressant.

Chacun des huit chapitres qui correspond à un thème de réflexion spécifique comporte toute une gamme d'exercices mettant en jeu successivement des stratégies de type descendant (top-down) et ascendant (bottom-up) et se déroule selon les cinq (5) étapes suivantes intitulées successivement *Mise en train, Compréhension du texte, Vocabulaire, Expansion du vocabulaire* et *Commentez.*

1. **Mise en train**, section de prélecture qui comprend des questions d'ordre général sur le thème choisi. Ces exercices visent d'une part à introduire le thème de l'article et d'autre part à préparer l'apprenant aux activités d'acquisition, d'expression et de communication qui vont suivre. Cette activité se prête bien au travail d'équipe et se fait oralement.

2. **Compréhension du texte**, section qui comprend des questions générales et des questions plus détaillées.

   ● Les questions générales permettent à l'étudiant de situer l'article dans l'espace et le temps. Dès la première lecture, il s'entraîne à repérer les mots-clés et à dégager les thèmes ou les idées maitresses à l'aide des titres et des sous-titres.

   ● Les questions de compréhension détaillée tendent à saisir la perspective d'ensemble exprimée dans le texte ainsi qu'à faire ressortir les renseignements pertinents situés dans chaque paragraphe.

   ● Les exercices de compréhension peuvent être préparés à l'extérieur de la salle de classe. Lors de la correction à l'aide du corrigé ou en salle de classe avec le professeur, l'étudiant pourra s'assurer par lui-même de son degré de compréhension et soulever au besoin des questions nouvelles sur des passages qui lui seraient demeurés obscurs.

3. **and 4. Vocabulaire et Expansion du vocabulaire**, sections de développement ciblant des mots et expressions sélectionnés dans le texte pour leur rapport avec le thème à l'étude aussi bien que pour leurs relations avec d'autres mots du lexique. Il s'agit là de l'étude des mots dans toutes leurs dimensions (morphologique, sémantique, syntaxique et paradigmatique). Les techniques utilisées sont multiples et peuvent inclure l'usage du dictionnaire; elles vont de la recherche de synonymes, d'antonymes, de dérivés, à la mise en contextes variés. Ces activités, orales ou écrites, qu'elles soient contraignantes, plutôt créatives ou ludiques, visent toujours, en favorisant la rétention des formes, des sens et des règles d'emploi des mots, à améliorer les compétences de l'étudiant et, ultimement, à promouvoir le plaisir de lire en français.

5. **Commentez**, section qui incite l'apprenant à réemployer le lexique et les savoirs acquis lors des activités précédentes. Les sujets diversifiés encouragent l'expression personnelle aussi générale que possible, sur les multiples aspects du thème et des questionnements qu'il soulève. Cette section se prête à des discussions orales,

débats, jeux de rôles ou autres activités, tout autant qu'à la rédaction de toutes sortes de produits écrits, selon les intérêts de la classe, tels qu'annonces, articles, courriels ou brèves compositions.

REMERCIEMENTS

Je tiens tout d'abord à remercier Marie-Claude Tréville, professeur titulaire à l'Université d'Ottawa, qui a lu attentivement tous les textes et exercices de ce manuel et qui, en plus d'en corriger les erreurs, m'a conseillée de façon judicieuse tout au long du processus d'écriture. Sa générosité, sa disponibilité et son soutien indéfectibles m'ont grandement motivée. Je lui dois beaucoup et je garde envers elle, une lourde dette de reconnaissance.

J'aimerais souligner la précieuse collaboration d'Ali Ghaharbeighi, diplômé en informatique, titulaire d'une maitrise en littérature française et enseignant à l'Université Carleton. Il a traduit la préface de ce manuel en anglais et, à maintes reprises, a résolu des problèmes inhérents à l'utilisation adéquate des nouvelles technologies.

Je remercie également les collègues et amis qui m'ont aidée de leur soutien et de leurs commentaires tout au long de la composition de cet ouvrage que je dédie, tout particulièrement, à Corinne Cordier-Gauthier, une collaboratrice des premiers jours trop tôt disparue.

CHAPITRE 1

Les défis de la première année : L'adaptation à la vie universitaire

D'après Marie-Andrée Linteau, psychologue, Université de Montréal

L'arrivée à l'université, avec tout ce qu'elle implique d'**attentes** et d'espoirs, **suscite** à la fois de l'anxiété et de l'excitation. Certains **ont peur** du caractère sérieux et **définitif** des études universitaires ou encore **craignent** une adaptation difficile à un monde nouveau, compétitif et anonyme. D'autres s'enthousiasment pour le développement intellectuel qu'elle procure. 5

Le but de cet article est de donner un **aperçu** de ce qui se passe réellement dans la vie du jeune adulte au plan **affectif** et d'en **souligner** les aspects les plus importants. Les relations avec la famille, les liens avec les amis et le choix professionnel sont trois des principales dimensions où se produisent des transformations de **l'identité** personnelle. 10

LES RELATIONS AVEC LA FAMILLE

Amorcée vers la fin du secondaire, la **prise de distance** ou même la séparation d'avec la famille s'**intensifie** à l'université. Il y a souvent un **tiraillement** entre le désir d'être indépendant et la nostalgie d'une certaine sécurité familiale. Certains **malaises** ou conflits plus ou moins sérieux peuvent surgir, par exemple, dans le choix de la future carrière, surtout si ce choix professionnel est différent des attentes 15 des parents ; le soutien moral ou même financier des parents peut alors devenir moins présent. Les réactions de chacun de nous sont souvent **subtiles** et nous **affectent** plus qu'on ne le croit. Bien sûr, la famille est encore importante, mais on a besoin de prendre ses propres décisions, on ose davantage donner son point de vue et on commence à percevoir les membres de sa famille tels qu'ils sont, avec leurs **faiblesses** 20 et leurs **ressources**.

Durant cette **étape** où l'on est exposé à une **multiplicité** de valeurs, d'opinions et de systèmes de **pensée**, il faut réévaluer ses valeurs personnelles. Et, on peut se demander si la famille va accepter ce que l'on est en train de devenir.

25   D'autre part, les responsabilités financières prennent de plus en plus d'importance. Très souvent, les parents continuent d'offrir leur soutien, mais on **ressent** davantage le besoin de **se débrouiller** par soi-même avec un emploi d'été ou à temps partiel, tout en apprenant à vivre avec les **limites** des **prêts et bourses**. Cette nouvelle indépendance **procure** souvent beaucoup de satisfaction mêlée de déceptions
30   **inévitables**. Sur le plan du logement par exemple, on essaie toutes sortes d'expériences de vie, en résidences d'étudiants ou en cohabitation, certaines très heureuses, d'autres plus frustrantes.

LES AMIS, LES AMOURS

L'arrivée à l'université **entraîne** nécessairement une modification du réseau d'amis puisque plusieurs d'entre eux se retrouvent dans des **disciplines** différentes ou encore
35   dans d'autres universités. Au début, on a **tendance** à vouloir **conserver** les anciens liens **à tout prix**, car il est toujours difficile et **inquiétant** de «perdre son monde» surtout dans un milieu où l'**anonymat** est beaucoup plus **prononcé** qu'auparavant. Accepter de prendre une distance face aux amis du secondaire et se refaire de nouveaux amis **exige** à la fois du temps et beaucoup d'énergie. Les relations
40   amoureuses sont, elles aussi, exposées à toutes sortes de changements qui peuvent les **remettre en question** : on rencontre d'autres personnes avec qui on se découvre des **affinités**, on a moins de temps à consacrer à son copain ou à sa copine, que ce soit à cause des études ou à cause de l'**éloignement**.

Par contre, même si l'on vit des **pertes** dans ses **relations** amicales ou amoureuses,
45   il est important de ne pas **céder** à la tentation de **s'isoler** et de se lancer **à corps perdu** dans les études. L'isolement occasionnerait une **augmentation** du stress et une **baisse** de motivation. Le fait d'avoir un ou deux **confidents** aide énormément à passer à travers les tensions normales de la vie universitaire.

DE L'ÉTUDIANT AU PROFESSIONNEL

L'université permet surtout de se donner une formation correspondant à ses intérêts
50   en vue d'une profession future dont on espère pouvoir vivre un jour. Cependant, le choix d'une profession n'est jamais **définitif** puisqu'il s'**effectue** à partir d'intérêts et de valeurs qui se transforment beaucoup au début de la vingtaine. Cette réalité engendre forcément une bonne dose d'incertitude et comporte une part d'essais et d'erreurs. L'**identité** professionnelle est alors constamment en changement parce
55   qu'elle s'**affine** et se précise.

Le premier trimestre ou même la première année universitaire sont des périodes d'évaluation et de **confrontation** face au choix d'une carrière. Malgré les déceptions souvent très grandes, il est possible de découvrir des éléments intéressants et de **retirer** beaucoup de satisfaction d'une telle expérience.

Plusieurs problèmes peuvent **surgir** si l'arrivée à l'université ou le programme a été très **idéalisé**. On **se rend compte** que les cours sont moins spécialisés qu'on l'aurait souhaité, que les classes sont anonymes et que l'**encadrement** est moins **serré** qu'au secondaire. Bref, la réalité ne correspond pas à nos attentes. Ou bien, la compétition est tellement forte qu'on **se sent** déjà **à bout de souffle** à la fin d'octobre ; on doute, on se questionne, on se démotive ou, alors, on fait taire toutes nos peurs pour redoubler d'efforts et de volonté dans les études. À ce rythme-là, ce sera l'**épuisement** à la fin du **trimestre**.

Remettre en question un choix de carrière est chose fréquente en première année ; il peut, alors, paraître **coûteux** (dans tous les sens du terme) de changer de programme, surtout si ce choix a demandé un grand **investissement**, soit en raison du **soutien** et parfois de la pression de l'entourage ou, au contraire, parce qu'il représente une façon indirecte de s'opposer au choix de la famille.

LES CAPACITÉS D'ADAPTATION MISES À L'ÉPREUVE

Tout changement suscite de l'**anxiété**. Comme nous le disions **précédemment**, le jeune adulte a beaucoup à faire sur le plan psychique et la première année universitaire en est probablement l'exemple le plus **marquant**.

Devant une expérience nouvelle qui **sollicite** nos **capacités** d'adaptation, on a tendance à retourner à nos anciens **repères** pour arriver à donner un sens à tout ce qui nous arrive et à l'**intégrer**. On hésite un certain temps entre les vieilles habitudes et ce que le présent offre de nouveau.

Si l'anxiété devient trop forte, certaines personnes vivront une sorte de **paralysie** ou **reculeront** face à l'effort demandé pour **se réfugier** dans le connu, le passé. D'autres auront tendance à se jeter **à corps perdu** dans l'action afin d'éviter d'être complètement **envahi** par l'angoisse. On s'**anesthésie** un temps pour survivre.

Aller vers du nouveau **signifie** également **laisser tomber** des choses et des façons d'être, perdre des gens. Chaque **perte** fait **resurgir** des expériences mal vécues ou qui n'ont pas encore été «**digérées**» psychologiquement, comme une **peine d'amour**, une blessure physique ou un **deuil**.

On voit alors comment l'**adaptation** est une expérience personnelle, en rien comparable à celle du voisin, à une **norme** quelconque ou à un **idéal**. Chaque personne **réagit** à sa façon avec son histoire, sa personnalité, sa **sensibilité** et surtout selon son rythme. Les **hésitations**, les périodes de **découragement**, les **remises en question** font partie de toute période **déstabilisante** et elles ont leur **raison d'être**. A nous d'**être à l'écoute** de nos réactions, de découvrir nos **limites** et, surtout, d'**utiliser** cette information pour mieux nous comprendre.

95

Revue Vies-À-Vies
Université de Montréal

🌀 *1. Mise en train*

Oralement, deux par deux ou en équipes de trois ou quatre, commentez les affirmations suivantes :

a) Avec un diplôme universitaire, on est sûr de gagner beaucoup d'argent :

b) L'université est le meilleur endroit pour trouver son futur conjoint :

c) L'université n'est qu'un mauvais moment à passer :

d) L'université nous prépare à la vraie vie :

e) Un bon professeur ne donne pas trop de devoirs :

Oralement, deux par deux ou en équipes de trois ou quatre, répondez aux questions suivantes :

a) En vous basant sur votre propre expérience, dites comment vous avez trouvé la rentrée universitaire (difficile, déroutante, agréable . . .) ? Quels problèmes majeurs avez-vous rencontrés ? Si c'était à refaire, quels pièges éviteriez-vous ? Que feriez-vous de différent ?

b) Est-ce votre première année ? Si oui, y a-t-il des aspects de la vie universitaire qui vous font peur (solitude, difficulté d'apprentissage, problèmes d'argent, etc.) ? Précisez lesquels.

c) Si vous êtes en 2ième ou 3ième année, dites ce que vous avez apprécié lors de votre première année universitaire et ce que vous avez trouvé plus pénible ? Avez-vous déjà regretté d'avoir choisi d'étudier à l'université ?

d) Pourquoi avez-vous choisi cette université ?

e) Posez quelques questions à votre professeur sur son expérience universitaire.

2. Compréhension du texte

Questions générales

1. Qui est l'auteure de cet article ? Quelle est sa profession et quel est son lieu de travail ?

2. À qui s'adresse l'auteure et quel est le but de cet article? Dans quelle partie du texte est-ce mentionné ?

3. Quels sont les quatre thèmes développés dans le texte ?

Questions de compréhension détaillées

1. Citez les trois dimensions qui, selon l'auteure, forment l'identité personnelle ?

2. Généralement vers quel moment de la vie débute la séparation d'avec la famille ?

3. L'adolescent est en proie à des tiraillements, donnez-en un exemple :

4. En première année, quelles difficultés les étudiants peuvent-ils avoir à affronter ?

5. Pourquoi les relations amicales ou amoureuses d'avant la rentrée à l'université sont-elles souvent remises en question ?

6. Dans le cas de pertes dans les relations amicales ou amoureuses, quelles sont les deux réactions que l'auteure recommande d'éviter ? Pourquoi ?

7. De façon générale, dans quel but fait-on des études universitaires ?

8. Quelles peuvent être les grandes déceptions de la réalité universitaire ?

9. Quelles sont, selon l'auteure, les deux façons typiques de se comporter lorsque l'anxiété devient trop forte ?

10. Selon l'auteure, à quoi nous servent, dans la vie, les périodes de remise en question, de découragement et de doutes ?

◎ *3. Vocabulaire*

1. À l'aide du contexte et de votre dictionnaire, expliquez en français (avec des définitions, des synonymes ou des exemples) le sens des mots ou groupes de mots en caractères gras retrouvés dans le texte.

2. Pratique orale du vocabulaire.

    ● Travaillez deux par deux. Trouvez dans le texte un synonyme des mots ou expressions soulignés. Le chiffre renvoie à la ligne appropriée de votre texte.

    ● À tour de rôle, posez les questions à votre partenaire. Vous devez répondre en utilisant les mots ou expressions soulignés.

Étudiant 1-

a) Penses-tu t'habituer facilement à la vie universitaire ? **(ligne 78)**

b) Selon toi, en première année, quelles sont les difficultés qu'il te faudra surmonter ? **(le titre)**

c) Est-ce que tes parents t'aident financièrement ou est-ce que tu t'arranges seul(e) ? **(ligne 27)**

d) Vas-tu demander de l'aide financière au gouvernement ? **(ligne 28)**

e) As-tu des points communs avec certaines personnes dans la classe de français ? **(ligne 42)**

Étudiant 2-

a) Ici, à l'université, connais-tu quelqu'un à qui tu peux te confier ? **(ligne 47)**

b) La vie universitaire provoque-t-elle de l'anxiété chez toi ? **(ligne 2)**

c) Quels sont tes <u>espoirs</u> face à la vie universitaire ? **(ligne 1)**

d) Quelle <u>matière</u> as-tu choisie ? **(ligne 34)**

e) As-tu déjà pensé à <u>abandonner</u> l'université ? **(ligne 84)**

3. **Complétez les phrases suivantes avec des mots ou expressions qui se trouvent dans le texte en caractères gras. Le chiffre renvoie à la ligne appropriée. Faites les transformations grammaticales nécessaires.**

a) Les étudiants _____ souvent la sévérité des professeurs. **(ligne 3)**

b) Les gouvernements donnent des prêts mais réduisent les _____. **(ligne 28)**

c) Le passage de l'enfance à la vie adulte est difficile à faire mais _____. **(ligne 30)**

d) Le manque d'argent _____ un grand nombre d'étudiants. **(ligne 17)**

e) À un moment de notre vie, une _____ s'impose. **(ligne 41)**

f) À la fin du trimestre, on _____ parfois épuisé(e). **(ligne 64)**

g) Certaines situations sont _____. **(ligne 92)**

h) As-tu _____ à tout remettre au lendemain ? **(ligne 35)**

i) Plusieurs étudiants veulent réussir _____. **(ligne 36)**

j) L' _____ de sa famille est toujours difficile à vivre. **(ligne 43)**

4. Expansion du vocabulaire

1. Repérez dans le texte les noms suivants et indiquez leur genre (F ou M).

Noms	F / M	Noms	F / M	Noms	F / M
attente		éloignement		baisse	
pensée		isolement		augmentation	
espoir		découragement		adaptation	
aperçu		encadrement		intégration	
perte		épuisement		hésitation	
rencontre		soutien		réaction	
prêt		limite		faiblesse	

2. Trouvez les verbes correspondant à chacun des noms de la liste précédente. Aidez-vous d'un dictionnaire si nécessaire.

Noms	Verbes	Noms	Verbes	Noms	Verbes
attente		éloignement		baisse	
pensée		isolement		augmentation	
espoir		découragement		adaptation	
aperçu		encadrement		intégration	
perte		épuisement		hésitation	
rencontre		soutien		réaction	
prêt		limite		faiblesse	

3. Trouvez dans le texte l'équivalent français des verbes suivants.

To make a decision	
To dare	
To manage	
To feel uneasy	

4. **Trouvez des mots (au moins deux) de même famille que les mots suivants extraits du texte. Aidez-vous d'un dictionnaire si nécessaire.**

ami	aimer	amitié
s'isoler	isolement	seul
baisse		
coûteux		
s'intéresser		
craindre		
digéré		
valeur		

5. Commentez

Discutez oralement ou faites une composition écrite à partir des sujets suivants.

a) L'indépendance procure beaucoup de satisfaction mêlée de déceptions inévitables. De quelles satisfactions et de quelles déceptions parle-t-on ?

b) Tout changement suscite de l'anxiété. On hésite toujours entre les vieilles habitudes et ce que le présent offre de nouveau.

c) L'adaptation à la vie universitaire est une expérience personnelle. Chaque étudiant y réagit à sa façon selon sa personnalité, son histoire, sa sensibilité et, surtout, selon son rythme.

d) En vous inspirant des idées du texte et de votre propre expérience, donnez des conseils à un(e) ami(e) de l'école secondaire qui va bientôt rentrer à l'université.

e) Sous la forme d'une lettre personnelle, racontez votre première expérience de la vie universitaire. Quelles ont été vos joies, vos surprises et vos difficultés ?

CHAPITRE 2

Emploi rémunéré et études universitaires

D'après Claude Pratte, directeur du SOCP, Université de Montréal

Depuis quelques années, les **intervenants** en éducation ont pris conscience d'un **phénomène** social en expansion chez les étudiants, le travail **rémunéré** pendant les études. Ce phénomène s'est développé au cours des vingt dernières années dans le contexte de la démocratisation du système d'éducation qui a conduit à une plus grande **accessibilité** aux études universitaires. 5

La multiplication des programmes offerts et l'adaptation constante aux situations d'études et de travail de la **clientèle** étudiante ont aussi transformé le **contexte universitaire**. Ainsi, les **conditions** d'insertion socioprofessionnelle des **diplômés** sur le **marché du travail** sont maintenant devenues plus difficiles, particulièrement depuis le début des années 80, conduisant les finissants de **certaines disciplines** à 10 des **emplois précaires** (**postes temporaires** ou **à temps partiel**) ou encore non directement reliés à leur **formation**. Les récentes **hausses des frais de scolarité**, l'augmentation du coût de la vie et la sollicitation pressante à la consommation viennent compléter la toile de fond de ce phénomène du **mi-étudiant, mi-travailleur**.

ÉTUDIANT : UNE FONCTION PARMI D'AUTRES ?

L'**étude** la plus complète sur le sujet au Québec a été faite par le Bureau de recherche 15 institutionnelle de l'**UQAM** (1) auprès de sa clientèle de **premier cycle** à temps plein. Cette étude révèle que 59 % des étudiants travaillent en même temps qu'ils étudient et que, même parmi ceux qui ne travaillent pas, 11 % sont à la recherche d'un emploi. Pour mieux mesurer l'**ampleur** du phénomène, on doit préciser que

---

(1) L'UQAM : abréviation de l'Université du Québec à Montréal.

20   **la moyenne** d'heures travaillées **rémunérées** est de 16,3 heures par semaine. Cela ne représente donc pas, pour la **majorité** des étudiants concernés, une activité **négligeable**. Et, tout porte à croire que les statistiques seraient identiques parmi les étudiants de l'Université de Montréal.

25   On peut donc conclure que, **désormais**, le fait d'être étudiant universitaire ne représente plus **un statut privilégié** en soi, mais devient une **fonction** parmi d'autres. Le fait d'être accepté à l'université n'est plus **perçu** comme un **privilège** par la plupart des étudiants **consultés** à ce sujet. De sorte que le statut d'étudiant universitaire n'a plus autant d'**attrait** qu'il y a 20 ans en termes de reconnaissance sociale.

30   D'autres données indiquent que les étudiants provenant de milieux aisés cherchent tout autant à travailler pendant leurs études que ceux de milieux moins favorisés. C'est aussi le groupe des étudiants qui demeurent chez leurs parents qui travaillent le plus. On remarque également que 30 % seulement occupent un emploi **relié** à leur **formation**. La première raison invoquée par tous ceux qui ont un emploi est le **maintien** d'un certain style de vie.

CAUSES ET EFFETS

35   Le phénomène social études / travail considéré ici, est, en fait, devenu aujourd'hui le **modèle** du **mode de vie** de la majorité des étudiants universitaires à temps plein.

Quels en sont les **causes** et les **effets** ? Certains pensent **spontanément** que les **besoins économiques** des étudiants expliquent tout. D'autres, des professeurs en particulier, **s'inquiètent** des effets négatifs sur la **performance académique**, le taux
40   de **persévérance** dans les études et la qualité de la formation reçue. D'autres encore **s'interrogent** sur l'**impact** de cette **combinaison** études / travail en termes de **surcharge** de travail et de niveau de stress.

Les principaux intéressés, les étudiants, répondent eux, en grand nombre, qu'un emploi **parascolaire comporte** des aspects positifs. Pour certains, cette expérience
45   de travail semble plus **valable** comme **étape de passage à l'état adulte** que les études elles-mêmes. L'**autonomie financière** qu'elle apporte, bien que **partielle**, et le **statut** qu'elle procure semblent répondre à un **besoin** important de l'étudiant de 20 ans. La **quête** de l'autonomie et l'**acquisition** de la **confiance en soi** font partie des étapes du développement du jeune adulte.

TENIR COMPTE DE NOS LIMITES ET DE NOS VALEURS

50   Certaines études semblent **confirmer** l'hypothèse qu'**au-delà** d'un certain nombre d'heures travaillées, autour de 15 heures par semaine, il y a de réels dangers de **compromettre** la réussite académique ou encore d'**ajouter** un niveau de stress **nocif**

pour la santé physique et psychologique. Il n'est pas toujours facile de **prévoir** les conséquences **à long terme** d'un **horaire** trop chargé.

Alors, attention ! Comme la majorité des étudiants autour de nous qui travaillons beaucoup et à qui les besoins financiers paraissent essentiels, nous avons probablement plus de choix que nous ne le croyons. C'est en respectant nos limites personnelles et nos valeurs réelles que nous pourrons trouver une façon de vivre qui nous convienne.

Revue Vies-À-Vies
Université de Montréal

55

1. Mise en train

Oralement, deux par deux ou en équipes de trois ou quatre, répondez aux questions suivantes :

a) Tes parents t'aident-ils financièrement ?

b) Vas-tu faire ou as-tu fait une demande de prêts et bourses ?

c) As-tu présentement un emploi ?

d) Si non, pourquoi ?

e) Si oui, s'agit-il d'un emploi à temps partiel ou à temps complet ?

f) Est-il relié à ta formation universitaire ?

g) Si tu avais le choix, aurais-tu un emploi pendant l'année scolaire ?

h) Selon toi, est-il préférable de consacrer tout son temps à ses études ou de combiner études et travail rémunéré ?

i) Certains professeurs croient que les étudiants sont trop souvent pris par leur emploi et négligent leurs études, qu'en penses-tu ?

j) Pourquoi, selon toi, une proportion de plus en plus grande d'étudiants travaillent et étudient en même temps ?

k) Quels sont les aspects positifs du travail rémunéré pendant les études à l'université ?

l) Quels sont les aspects négatifs du modèle études / travail ?

m) Selon certains chercheurs, au-delà d'un certain nombre d'heures travaillées, l'étudiant risque de ne pas réussir dans ses études et d'accumuler trop de stress. À ton avis, combien d'heures, idéalement, devraient être consacrées au travail ? Aux études ? Aux loisirs ?

2. Compréhension du texte

Questions générales

1. L'article est divisé en trois parties, quels en sont les Titres ?

2. Que fait l'auteur, Claude Pratte, au sein du SOCP (service d'orientation et de consultation psychologique) de l'Université de Montréal ?

Questions de compréhension détaillées

1. Depuis quelques années, quel phénomène social prend de l'importance chez les étudiants universitaires ?

2. Depuis quand est-ce que les diplômés universitaires ont plus de difficulté à se trouver un emploi ?

3. Est-ce que les emplois occupés par les universitaires sont toujours reliés à leur formation ?

4. Selon l'auteur, quelles sont les raisons qui incitent les étudiants à se chercher un emploi pendant leurs études (donnez quatre raisons) ?

5. À ce sujet, quel est le résultat de la recherche entreprise par l'UQAM (Université du Québec à Montréal) ? Fournissez les renseignements correspondant aux pourcentages ou aux énoncés ci-dessous :

- 59% :

- 11% :

- 30% :

- nombre d'heures de travail rémunéré (moyenne hebdomadaire) :

- étudiants de milieux favorisés :

- étudiants qui habitent chez leurs parents :

6. Les professeurs éprouvent des inquiétudes face à ce style de vie, études à temps complet / travail rémunéré, lesquelles ?

7. Selon les étudiants eux-mêmes, pourquoi préfèrent-ils le modèle études / travail ?

8. Selon C. Pratte, quelles sont les deux étapes essentielles dans le développement psychologique du jeune adulte ?

9. Quels sont les dangers qui guettent l'étudiant qui travaille plus de quinze heures par semaine ?

10. Dans la conclusion, que suggère l'auteur aux étudiants qui ont un emploi pendant leurs études (trouvez deux suggestions) ?

3. Vocabulaire

1. À l'aide du contexte et de votre dictionnaire, expliquez en français le sens des mots ou groupes de mots en caractères gras retrouvés dans le texte.

2. Pratique orale : réemploi du vocabulaire

   ● Travaillez deux par deux. À tour de rôle, posez les questions à votre partenaire. Vous devez répondre en utilisant les mots ou expressions en caractères gras. Le chiffre renvoie à la ligne appropriée.

Étudiant A

a) Dans quelle **discipline** est-ce que tu étudies ? (ligne 10)

b) Occupes-tu présentement un emploi **à temps partiel** ou à temps complet ? (ligne 11)

c) Selon toi, est-ce un **privilège** d'étudier à l'université ? Explique-toi : (ligne 26)

d) Que penses-tu de **la hausse des frais de scolarité** en Ontario ? (ligne 12)

e) Est-ce que ton **horaire** est très chargé ? Que dois-tu faire aujourd'hui? (ligne 54)

Étudiant B

a) Penses-tu t'adapter facilement au **contexte universitaire** ? (lignes 7 et 8)

b) As-tu hâte de te retrouver sur le **marché du travail** ? (ligne 9)

c) Si tu éprouves de la difficulté dans un de tes cours, vas-tu **consulter** ton professeur ? (ligne 27)

d) Depuis que tu es à l'université, quelles sont tes plus grandes **inquiétudes** ? (ligne 39)

e) Penses-tu étudier **au-delà** de 5 heures par jour ? (ligne 50)

3. **Associez chacun des cinq verbes suivants avec son synonyme ou groupe de synonymes :**

   a) Percevoir

   b) Prendre conscience

   c) Consulter

   d) Compromettre

   e) Comporter

   1–demander conseil, interroger

   2–contenir, inclure

   3–s'apercevoir

   4–saisir, distinguer, apercevoir

   5–mettre dans une situation critique

4. **Réemploi du vocabulaire : Complétez les phrases à l'aide des mots et expressions ci-dessous (provenant du texte aux lignes indiquées)** *ou de leurs dérivés*. **Faites les transformations grammaticales nécessaires.**

   - Prise de conscience (1)
   - Rémunéré (2)
   - Diplômé (8)
   - Emploi précaire (11)
   - Attrait (28)
   - Maintien (34)
   - Parascolaire (44)
   - Autonomie (46)
   - Quête (48)
   - Nocif (52)

   a) La fumée de cigarette est _____ pour nos poumons.

   b) Parlez-moi de votre ville natale et des _____ touristiques de votre région.

   c) Il n'a eu droit qu'à un _____ qu'il a perdu après quelques semaines.

   d) Un bon travail permet de _____ un certain style de vie.

   e) Depuis que Lisa sait qu'elle a été adoptée à la naissance, elle poursuit sa _____ d'identité et se pose beaucoup de questions sur ses origines.

f) Elle n'a pas été _____ à sa juste valeur, elle n'a eu que le salaire minimum.

g) Les étudiants _____ sont ceux qui n'ont pas besoin du soutien financier de leurs parents.

h) Ce sont des _____ de l'Université Laval à Québec. Ils ont tous un doctorat en sciences politiques.

i) Au secondaire, je participais à toutes les activités _____, telles que la danse, les échecs et le théâtre.

j) Les mauvais résultats que Julie a eus à la fin du semestre l'ont fait réfléchir et ont suscité chez elle une véritable _____ à la suite de laquelle elle a quitté son emploi et se consacre maintenant uniquement à ses études.

4. Expansion du vocabulaire

A. Le monde du travail

a) **Pour chaque mot de la colonne de gauche, trouvez dans la liste ci-dessous un ou plusieurs synonymes (aidez-vous d'un dictionnaire si nécessaire).**

Mots	synonymes
emploi	
employeur	
employé	

Patron, poste, job, vendeur, serveur, chef, boulot, salarié

b) Mettez les mots suivants au féminin.

Un patron : _____   Un vendeur : _____   Un serveur : _____

Un professeur : _____   Un médecin : _____   Un employé : _____

c) **Remplissez le tableau suivant pour définir les fonctions des personnes citées.**

	Où travaillent-ils ?	Que font-ils ?
Un fonctionnaire		
Une chirurgienne		
Un enseignant		
Un serveur		
Une vendeuse		

d) **Trouvez dans le dictionnaire les définitions des verbes ou groupes verbaux ci-dessous.**

Être embauché	
Recruter, employer	
Être renvoyé, être mis à la porte, être remercié	
Démissionner	
Être au chômage, être à la recherche d'un emploi	

B. **Le monde de l'argent**

a) **Complétez les phrases ci-dessous à l'aide des verbes suivants, en faisant les adaptations grammaticales nécessaires (un même verbe peut être employé deux fois) :**

emprunter	dépenser	prêter	économiser gagner	avoir besoin

1. Je travaille pour _____ de l'argent.

2. Heureusement que la banque m'a _____ de l'argent, sinon je n'aurais pas pu payer mes frais de scolarité.

3. Quand j'ai travaillé pour la Fonction Publique, je n'ai pas _____ beaucoup d'argent.

4. J'ai _____ tout l'argent que mes parents m'avaient donné pour mon anniversaire, il ne me reste plus rien !

5. Mon amie Julie est très dépensière, elle est incapable d'_____.

6. Mon frère m'a encore _____ 200 $. Il _____ d'argent pour acheter ses livres et il n'a pas un sou !

b) Dans la liste donnée ci-dessous, encerclez les verbes ou groupes verbaux synonymes de « faire des épargnes ».

économiser	payer des impôts	rembourser des dettes	faire des économies	mettre de l'argent de côté
faire un emprunt	gaspiller son argent	placer son argent	calculer son revenu	régler une facture

C. Complétez le tableau ci-dessous selon les consignes :

a) Pour chacun des noms suivants : (1) indiquez le genre (2) trouvez le verbe correspondant et (3) conjuguez le verbe au présent de l'indicatif à la personne indiquée.

Nom	Genre	Verbe (infinitif)	Présent de l'indicatif
Exemple : formation	une (f)	former	Elle forme
étude			il
privilège			nous
attrait			elles
maintien			vous
emploi			on
réussite			je

b) Associez le mot de la colonne A à sa définition dans la colonne B.

A		B
diplôme		Enseignement (professionnel)
formation		Payé
nocif		Document qui confère un titre
parascolaire		Matière d'enseignement
discipline		Activité complémentaire
rémunéré		Dangereux, toxique, nuisible

c) Associez les mots de la liste suivante aux mots en anglais dans le tableau ci-dessous.

Premier cycle, deuxième cycle, troisième cycle, sous gradué, maîtrise, doctorat, cégep, apprendre, apprentissage

College	
Undergraduate studies	
To learn	
Learning	
Postgraduate studies : Masters	
Postgraduate studies : Doctorate	

5. Commentez

Discutez oralement ou faites une composition écrite à partir des sujets suivants.

a) Le travail rémunéré pendant les études est-il une excellente formation pour la vie future ?

b) Certains disent que le travail rémunéré pendant les études nuit à la performance académique ainsi qu'à la santé ? Qu'en pensez-vous ?

c) À votre avis, aujourd'hui, les jeunes font des études universitaires pour acquérir une bonne culture générale, pour se trouver un emploi qui les rendra riches plus tard ou pour impressionner leurs amis ? Discutez.

d) Racontez votre vie quotidienne comme étudiant(e) qui combine les études et un emploi rémunéré : parlez de votre emploi du temps, de vos difficultés personnelles ainsi que des attraits de votre vie actuelle.

e) D'après vos parents, vos études devraient constituer votre toute première priorité et ils n'approuvent pas votre idée de vous engager dans un emploi pour plus de quinze heures par semaine. Écrivez-leur une lettre dans laquelle vous tentez de leur démontrer qu'un emploi bien rémunéré faciliterait votre vie d'étudiant et ne nuirait pas à vos études.

CHAPITRE 3

Grand 6½ à partager : Choisir de vivre en colocation

D'après Stéphanie Zimmer, psychologue, Université de Montréal

La **hausse** du coût des **loyers**, le début des études universitaires, une **perte** d'emploi, une **rupture amoureuse** sont autant d'**événements** qui peuvent **amener** un individu à considérer la colocation comme **moyen** de faire face à sa nouvelle réalité. De nouveaux **besoins** émergent et **influencent** le choix d'un futur **colocataire**. On peut **souhaiter** un colocataire ayant un **mode de vie** tel qu'il ne 5 sera pas **souvent*** présent dans l'appartement ou, **au contraire***, rechercher une personne très présente **afin de*** ne pas **se sentir** seul. **Connaître** ses besoins et ses **attentes** en matière de colocataire, c'est se donner la possibilité de choisir la personne qui nous **convient** le **mieux*** et déterminer si ce mode de vie peut réellement nous satisfaire. Dans le cas contraire, l'**expérience** peut être douloureuse. Lorsqu'il devient 10 impossible de se sentir bien **chez soi***, à cause d'une **incompatibilité** avec le colocataire ou tout simplement à cause d'une difficulté à **s'adapter** à ce mode de vie, nous **perdons** notre **équilibre**. L'anxiété, le sentiment ou les regrets peuvent se manifester et finir par nous **empoisonner** la vie. Il devient à ce moment-là important de remédier à la situation. 15

COMMENT CHOISIR SON COLOCATAIRE

Un colocataire, c'est une **personne** qui va **partager** notre **quotidien**, partager les **frais** mais **aussi** utiliser les mêmes pièces que nous, partager le même frigo, la même salle de bains et le même téléviseur. **Bref***, cela implique **au quotidien*** toutes sortes de petites négociations qui peuvent prendre des proportions considérables si des **ententes** ne sont pas prises **au préalable***. Dresser une liste de nos priorités, 20 **tenir compte des** petits détails de la vie quotidienne permet de s'assurer une meilleure compatibilité. Une **fermeture** complète à la différence **diminue**

25 considérablement les chances de **trouver** un colocataire, **tandis que*** trop de **compromis** peuvent entraîner **par la suite*** beaucoup de regrets, **une fois*** le colocataire bien installé. Comme c'est le cas en relation de couple, plus notre colocataire est différent de nous, plus importantes et plus nombreuses seront les concessions. **Afin*** d'**éviter** de trop nombreuses négociations, **il vaut mieux*** choisir une personne qui nous ressemble et surtout **se fier** à son intuition. Si ça ne fonctionne pas au moment de la première **rencontre**, il est **sage** d'attendre et de se 30 donner la chance de rencontrer d'autres personnes.

LE CONTEXTE DE LA COLOCATION

On **choisit** son colocataire, mais on choisit également un lieu de vie. Certaines personnes **optent** pour la colocation afin de* pouvoir **louer** un appartement ou afin d'**acheter** un condo qu'elles ne pourraient s'offrir **autrement***. Compte tenu du fait que les **occupants** arrivent au même moment dans un nouvel endroit, personne ne 35 risque d'**envahir** l'espace de l'autre. **Par contre***, pour **faciliter** les **recherches**, il faut **s'entendre** très clairement au départ sur ce que l'on veut. Les ententes concernant le **bail** doivent également être claires. Le fait d'aller s'installer chez une ou des personnes **déjà*** en place présente aussi des particularités. L'avantage est que la visite du **logement rend compte** du climat, de l'ambiance qui y règne. Elle nous 40 **renseigne** également sur les occupants. **Emménager** chez quelqu'un nécessite une certaine période d'adaptation. Au début, on **éprouve** de la **gêne** à utiliser les lieux communs. Cette période ne dure généralement pas très longtemps. Une façon de faciliter ce passage est de partager des moments avec son ou ses colocataires afin de* **se familiariser** plus rapidement à son nouvel environnement. Lorsque c'est 45 une nouvelle personne qui arrive dans notre logement, il faut accepter que notre **espace se modifie** afin de* faciliter l'intégration du **nouveau venu**. Nous devons considérer qu'à partir du moment où l'autre partage l'endroit où nous **vivons**, il **acquiert** les mêmes **droits** que nous.

LA VIE AU QUOTIDIEN ET LA GESTION DES CONFLITS

50 Établir à l'avance certaines **règles** de vie commune permet de mieux* **gérer** les problèmes en général. Ainsi, si l'entente n'est pas respectée, nous sommes mieux* équipés pour **revendiquer** nos droits. Voici quelques aspects de la vie commune qui doivent faire l'objet de consensus : s'entendre sur la répartition des **tâches ménagères**, définir quelles seront les **dépenses** communes et s'entendre sur les modalités de paiement. **Prévoir** une entente sur la présence de **tiers**(2). À quelle

---

(2) Les mots « tiers » (4ᵉ paragraphe) et « autrui » (5ᵉ paragraphe) signifient « d'autres personnes ».

fréquence accepte-t-on la venue des amis de chacun? Il faut également s'assurer que   55
les espaces sont **répartis** de façon **équitable**. Dans certain cas, celui qui partage un
plus petit espace peut se voir attribuer une part de **loyer moindre** que l'autre occupant.
Il faut également prévoir un endroit ou chacun peut **se retirer**. Finalement une bonne
gestion des **biens**(1) communs **minimisera** les problèmes. La ligne téléphonique,
l'**ordinateur** et le téléviseur, s'ils sont partagés, doivent l'être dans le respect de chacun.   60
À cet effet*, des **contrats** types entre colocataires existent. Ils peuvent vous servir de
guide. Ils prévoient la gestion de la vie commune (règles de vie) ainsi que certaines
clauses conformes à la **loi** concernant la responsabilité du bail.

    Évidemment*, une fois* les ententes de base établies, il faut s'assurer de les
respecter. L'attitude que chacun adoptera pour **régler** les petits conflits sera   65
déterminante du **climat** qui régnera dans l'appartement. Certaines attitudes de base
peuvent aider au **maintien** d'une bonne entente. Vivre en présence d'**autrui**(2)
nécessite tout d'abord de **faire preuve** de **civisme**. Notre colocataire n'a pas à **endurer**
nos **sautes d'humeur** et à vivre nos **angoisses**. Il faut préserver l'autre de ce qui ne
le concerne pas. Il est aussi essentiel de respecter l'**intimité** de chacun. Ne pas   70
s'approprier de territoires qui ne nous **appartiennent** pas, ne pas **emprunter** sans
permission les biens(1) de nos colocataires sont des façons de **conserver** l'harmonie.
S'intéresser à son colocataire, passer du temps avec lui, partager quelques **repas** afin
de* faire plus ample connaissance est une façon de développer un **lien** qui résistera
plus facilement aux **mésententes** qui peuvent **survenir** en cours de route.   75

    Vivre en colocation **offre** de belles occasions de partage, de **découvertes**,
d'**ouverture** et contribue à **rendre** notre vie **agréable**. Mais il faut être **prêt** à y mettre
certains efforts et à faire des compromis comme dans toute relation. Alors, bonne
colocation.

Revue Vies-À-Vies
Université de Montréal

---

(1) Le mot « biens » (4e et 5e paragraphes) est un nom qui se réfère aux objets et meubles appartenant à quelqu'un.

◎ *Aide-Lecture*

● **Consultez** votre dictionnaire pour vous assurer du sens des prépositions et adverbes suivants (mots suivis d'un astérisque dans le texte).

afin de, à cet effet, au contraire, au préalable, au quotidien, autrement, bref, chez soi, déjà, évidemment, mieux, par contre, par la suite, souvent, tandis que, une fois.

● **Notez** le sens des verbes ou groupes verbaux suivants en ordre d'apparition dans le texte.

se sentir = to feel : paragraphe 1	éprouve = verbe éprouver = to feel : (3)
convient = verbe convenir = to suit : (1)	vivons = verbe vivre = to live : (3)
perdons = verbe perdre = to loose : (1)	gérer = to manage : (4)
tenir compte = to take into account : (2)	prévoir = to foresee = to anticipate : (4)
trouver = to find : (2)	régler = to solve (5)
éviter = to avoid : (2)	faire preuve = to show : (5)
se fier = to trust : (2)	s'approprier = to take over : (5)
s'entendre = to get along well : (3) et (4)	appartiennent = verbe appartenir = to belong : (5)
se rend compte = se rendre compte = to realize : (3)	emprunter = to borrow : (5)
renseigne = verbe renseigner = to inform : (3)	survenir = to occur : (5)
emménager = to move in : (3)	rendre = to make : (6)

◎ *1. Mise en train*

Oralement, deux par deux ou en équipes de trois ou quatre, répondez aux questions suivantes :

a) Actuellement, où demeurez-vous? Chez vos parents, en résidence ou en appartement?

b) Habitez-vous seul (e), avec votre famille ou avec des amis?

c) Décrivez le ou la colocataire idéal (e), selon vous, quelles qualités doit-il (elle) posséder?

d) Quels défauts ou habitudes trouveriez-vous insupportables chez un colocataire?

e) Peut-on vivre seul (e) et être heureux (se)? Que vous répondiez oui ou non à la question, dites pourquoi.

f) Quels conseils pratiques donneriez-vous à une personne qui vit seule pour qu'elle se sente moins seule?

g) Pourquoi depuis trente ans le nombre de personnes vivant seules a-t-il fortement augmenté? Quelles pourraient en être les raisons?

2. Compréhension du texte

Questions générales

1. Quel autre titre donneriez-vous à cet article?

2. L'article est divisé en trois parties, quels en sont les sous-titres?

Questions de compréhension détaillées

1. Relevez dans le premier paragraphe quatre événements qui peuvent inciter une personne à vivre avec un ou plusieurs colocataires.

2. Dans l'introduction, l'auteure mentionne deux types de colocataires, quels sont-ils?

3. Trouvez dans le deuxième paragraphe la définition du terme colocataire. Comparez la définition de l'auteure à celle de la Régie du logement.

4. Afin d'éviter les désagréments que peut occasionner la colocation, que devrait-on faire avant de commencer la vie commune? (quatre actions, 2ième paragraphe).

5. Prendre le temps de visiter le logement nous permet d'observer certains détails, lesquels? (3ième paragraphe).

6. Que nous suggère l'auteure afin de faciliter notre installation en tant que colocataire (3^(ième) paragraphe)?

7. Quels sont les aspects de la vie commune qui devraient faire l'objet d'un consensus, les ententes sur lesquelles tout le monde doit être d'accord au préalable? (4^(ième) paragraphe).

8. Certaines règles ou conduites doivent être adoptées de part et d'autre afin de conserver une bonne ambiance dans l'appartement, lesquelles? (5^(ième) paragraphe).

9. Vivre en colocation peut selon l'auteure être une expérience très agréable; quelles en seront, néanmoins, les exigences? (il y en a deux dans la conclusion).

10. Selon la Régie du logement : Le colocataire doit "utiliser le logement en personne raisonnable". À votre avis, que veut dire le terme raisonnable? Illustrez votre réponse à l'aide d'exemples.

3. Vocabulaire

1. À l'aide du contexte et de votre dictionnaire, expliquez en français le sens des mots ou groupes de mots inscrits en caractères gras dans le texte, (choisissez deux mots dans chacun des six paragraphes).

2. Pratique orale : Réemploi du vocabulaire

    Travaillez deux par deux. À tour de rôle, posez les questions à votre partenaire. Vous devez répondre en utilisant les mots et expressions soulignés.

Étudiant A

a) À ton avis, quelles qualités essentielles doit posséder le bon colocataire?

b) Est-ce que tu as déjà demeuré en appartement seul (e) ou avec des amis?

c) Est-ce que tu préfères un colocataire qui n'est jamais là ou au contraire une personne très présente? Pourquoi?

d) En général, est-ce que tu évites les problèmes ou est-ce que tu les affrontes?

e) Es-tu le genre de personne qui se fie à son intuition?

Étudiant B

a) Que penses-tu de la hausse des frais universitaires? Te paraît-elle justifiée?

b) Est-ce que tes amis t'influencent beaucoup?

c) Chez toi, quelles tâches ménagères détestes-tu faire?

d) Avec qui est-ce que tu aimes partager tes moments de détente?

e) En général, quels sont les moments les plus agréables de ta journée?

3. **Complétez les phrases suivantes avec des mots ou expressions qui se trouvent dans le texte en caractères gras. Le chiffre renvoie à la ligne appropriée. Faites les transformations grammaticales nécessaires.**

    a) Les bons voyageurs savent _____ rapidement aux nouvelles situations.
        (ligne 12)

    b) Les personnes _____ mangent bien et dorment bien. **(ligne 13)**

    c) Elle _____ seule lorsqu'il n'y a personne autour d'elle. **(ligne 7)**

    d) Les dictionnaires en ligne me _____ la vie lorsque j'écris! **(ligne 35)**

    e) Payez-vous votre _____ toutes les semaines ou tous les mois? **(ligne 57)**

    f) Les _____ de ce contrat ne sont pas claires, je refuse de le signer. **(ligne 63)**

    g) Le _____ où j'habite est très vieux. **(ligne 39)**

    h) J'achète toujours du café _____ dans les boutiques d'aliments naturels.
        (ligne 56)

    i) Dans notre couple, je suis la seule à faire des _____ . **(ligne 24)**

    j) Cet homme _____ de l'argent à tout le monde mais il ne le remet jamais.
        (ligne 71)

4. **Complétez les phrases à l'aide d'un mot ou d'une expression de la liste ci-dessous. Faites les transformations grammaticales nécessaires. Le chiffre renvoie à la ligne correspondante dans le texte.**

Attentes	Expérience
Mode de vie	Il vaut mieux
Diminuer	Se familiariser
Gêner	S'entendre
Offre	Intimité

a) Ils se couchent tard, ils fument et boivent beaucoup, leur _____ n'est pas très sain. **(ligne 5)**

b) On a tous besoin d'un peu d' _____ pour se sentir bien. **(ligne 70)**

c) Elle _____ bien avec tout le monde, c'est une fille très sympathique. **(ligne 36)**

d) Les _____ de ce professeur sont trop grandes, il n'est jamais satisfait, il en demande toujours plus! **(ligne 8)**

e) Votre _____ est intéressante, je vais prendre le temps d'y réfléchir. **(ligne 76)**

f) Cet étudiant est très timide, un rien le _____ . **(ligne 41)**

g) _____ être riche et en santé que pauvre et malade! **(ligne 27)**

h) Lors de mon séjour en France, j'ai vécu des _____ inoubliables. **(ligne 10)**

i) À la deuxième session, ses notes _____ en même temps que sa motivation. **(ligne 22)**

j) Elle _____ avec les lieux avant de porter un jugement. **(ligne 44)**

5. **Faites des phrases (d'au moins dix mots) illustrant bien le sens des termes suivants. Faites tout changement grammatical nécessaire.**

   a) Sautes d'humeur **(ligne 69)**

   _____

   b) Tâche ménagère **(lignes 52 et 53)**

   _____

c) Recherche (ligne 35)

_____

d) Partager (ligne 16)

_____

e) Se familiariser (ligne 44)

_____

f) Autrui (ligne 67)

_____

g) Revendiquer (ligne 51)

_____

h) Gérer (ligne 49)

_____

i) Ouverture (ligne 77)

_____

j) Emménager (ligne 40)

_____

6. Texte deux "La colocation"

   1. Lisez le texte suivant deux fois et soulignez les verbes conjugués au présent du mode indicatif.

   2. Dans les espaces fournis (entre parenthèses), inscrivez un synonyme de chaque verbe qui précède les parenthèses. Consultez un dictionnaire des synonymes si nécessaire.

LA COLOCATION

À Montréal, la majorité des étudiants vivent (   ) en colocation afin de diminuer les coûts de loyer, d'électricité, de téléphone etc.

Cette pratique très répandue, s'avère (   ) des plus enrichissantes et vous permettra de vous intégrer rapidement si vous décidez (   ) d'habiter avec un étudiant québécois.

La colocation offre (   ) également plus de souplesse quant à la durée du contrat et aux références qu'il faut fournir (   ).

Vous pouvez obtenir (   ) notamment les coordonnées d'étudiants à la recherche de colocataires sur le site de logement de Polytechnique au www.logement.polyml.ca

3. **Complétez chaque phrase en cherchant dans le texte ci-dessus le synonyme de chaque terme entre parenthèses.**

   a) À Montréal, _____ (la plupart) des étudiants vivent en colocation.

   b) Les étudiants vivent ensemble afin de _____ (réduire) les coûts du loyer.

   c) Cette pratique très _____ (populaire) s'avère des plus enrichissantes.

   d) La colocation offre _____ (aussi) plus de souplesse quant à la durée du bail.

   e) Vous pouvez obtenir les _____ (renseignements) nécessaires sur le site de logement de Polytechnique.

4. **En vous basant sur la lecture du texte deux intitulé *La Colocation*, choisissez l'élément qui complète le mieux le début de phrase qui vous est donné. Encerclez la lettre correspondant à votre choix.**

   1. Dans l'ensemble, la colocation est . . .

      a) souvent très avantageuse.

      b) rarement profitable.

      c) très risquée.

2. Beaucoup d'étudiants vivent en colocation afin . . .

    a) de ne pas rester seuls.

    b) de se faire des amis.

    c) de faire des économies.

3. La colocation est un bon moyen d'intégration si

    a) vous êtes en première année d'université.

    b) vous désirez vous familiariser avec une nouvelle culture.

    c) vous êtes de la région de Montréal.

4. Cohabiter avec d'autres étudiants

    a) permet plus de flexibilité.

    b) réduit votre liberté.

    c) exige de nombreuses références.

5. La recherche d'un colocataire est possible

    a) en faisant appel à des amis.

    b) dans les agences de rencontre.

    c) sur le Web, dans la rubrique sites de logement.

5. **Formez des phrases en associant chaque segment de gauche au segment approprié de la colonne de droite.**

Ce logement est magnifique,	afin d'éviter tout conflit.
Je vais choisir un coloc (3)	des règles communes à respecter.
Il faut établir à l'avance	qu'il dépense tout son argent.
Le problème est	j'espère que le loyer est abordable.
Elle a signé un bail écrit	qui me ressemble.

(3) coloc : diminutif de colocataire, terme utilisé en langue parlée, niveau familier.

1.

2.

3.

4.

5.

6. **Associez chaque mot avec sa définition.**

Opter	Personne qui habite un lieu.
Faciliter	Contrat par lequel on s'engage pour un prix et une durée déterminés.
Bail	Disposition à s'intéresser sans préjugé à ce qui est nouveau ou différent.
Occupant	Simplifier, rendre plus facile.
Ouverture (d'esprit)	Se décider pour quelque chose ou pour quelqu'un.

7. **Trouvez deux dérivés pour chacun des verbes donnés, comme dans l'exemple. Aidez-vous d'un dictionnaire si nécessaire.**

Exemple : Offrir	Offre	Offert(e)
(Se) protéger		
Raisonner		
Connaître		
S'intégrer		
Se fier		

4. Expansion du vocabulaire

1. **Construisez des phrases dans lesquelles vous illustrez le sens de douze noms ou groupes nominaux de la liste suivante.**

- **Exemple** : *Compromis* –

- Je préfère les vacances à la mer, mon ami veut aller à la montagne; nous irons en Colombie britannique, c'est un bon *compromis* pour concilier nos deux points de vue.

rupture amoureuse	équilibre	ambiance	règles	civisme	repas	attente
événement	quotidien	**compromis**	tâches	loi	lien	priorité
mode de vie	entente	environnement	dépense	sautes d'humeur	mésententes	intégration
moyen	incompatibilité	concessions	droits	ordinateur	intimité	gestion
occupant(e)	bail	fermeture	individu	paiement	découverte	angoisse

1. _____

2. _____

3. _____

4. _____

5. _____

6. _____

7. _____

8. _____

9. _____

10. _____

11. _____

12. _____

2. **Trouvez dans le texte ou dans le dictionnaire des mots de même famille (deux mots) que :**

Exemples :		
● location ● emménager	● locataire ● déménager	● louer ● déménagement
entente		
envahir		
perte		
attendre		

3. **Trouvez dans le texte ou dans le dictionnaire des antonymes (deux mots) de :**

Exemples :		
Entente	mésentente	désaccord
hausse		
fermeture		
dépense		
raisonnable		
équilibre		

4. **Trouvez le verbe qui correspond aux mots suivants :**

Exemples :	
Entente	entendre
hausse	
fermeture	
comptabilité	
raisonnable	
dépense	

5. **Lisez les phrases suivantes et inscrivez la forme correcte du verbe *se sentir* au présent.**

    a) Depuis que nos voisins sont partis, nous _____ seuls.

    b) Elle _____ fatiguée parce qu'elle travaille trop.

    c) Est-ce que tu _____ bien au milieu de tout ce monde?

    d) Je _____ mal à l'aise quand on m'adresse des compliments.

    e) Prenez ce médicament quand vous _____ déprimés.

6. **Associez un complément approprié au verbe suivant.**

    Exemple : *Emprunter-*   emprunter de l'argent.

    a) régler : _____

    b) éprouver : _____

    c) manifester : _____

    d) tenir compte : _____

    e) rendre compte : _____

⊚ 5. Commentez

Discutez oralement ou faites une composition écrite à partir des sujets suivants.

a) Un colocataire, c'est une personne qui partage votre quotidien. Décrivez de façon détaillée le genre de colocataire avec lequel ou laquelle vous aimeriez vivre.

b) Répondez à la question suivante : Peut-on vivre heureux (se) en étant seul (e)? Dites pourquoi.

c) On dit parfois que les gens mariés vivent plus longtemps et, généralement, plus heureux? Pensez-vous que ce soit vrai?

d) La solitude fait tellement peur que de nombreuses personnes préfèrent poursuivre une relation insatisfaisante plutôt que de quitter leur partenaire. Qu'en pensez-vous?

e) De même qu'avoir un partenaire n'est pas nécessairement une garantie de bonheur, être célibataire n'est pas non plus une situation désastreuse. Commentez cette phrase qui dit que le bonheur n'a rien à voir avec notre état civil.

f) Pourquoi limiter notre liberté en partageant sa vie avec quelqu'un? Réagissez à cet énoncé.

g) En tant qu'étudiant (e), préférez-vous vivre seul (e) ou est-ce que vous préférez partager un appartement avec d'autres étudiants? Décrivez vos expériences personnelles et justifiez vos commentaires à l'aide d'exemples et d'anecdotes.

h) Si vous en aviez les moyens financiers, choisiriez-vous de vivre seul (e) ou de vivre avec d'autres étudiants? Dites pourquoi.

i) Selon vous, quel est le pire problème ou le pire conflit à gérer lorsque l'on vit en colocation? Dites pourquoi.

j) Rédigez un bail et établissez clairement les règles de vie communes (les ententes) que tout le monde devra respecter en incluant les points suivants :

 - La répartition des tâches ménagères.
 - Les dépenses communes.
 - La présence des visiteurs (la fréquence et la durée des visites).
 - L'espace strictement privé pour chacun.
 - L'utilisation des biens communs (appareils ménagers, nourriture, etc.).

k) Comment pourrait-on interpréter cette phrase de Jean-Paul Sartre (dans sa pièce Huis clos, 1943) : "L'enfer, c'est les autres."

CHAPITRE 4

L'anxiété face aux examens

D'après Marie-Andrée Linteau, psychologue, Université de Montréal

L a fin de l'année approche et, avec elle, les examens de fin de session. Pour beaucoup d'étudiants, le mois de décembre est une période de "*chauffage à blanc*", de moments de travail intenses, fébriles et **exténuants**, de grande fatigue et même de panique. L'anxiété face aux examens, ou **trac**, est inévitable et normal. Si l'anxiété peut parfois être positive et **stimulante**, elle peut également devenir 5 **paralysante**.

LES ATTITUDES FACE AUX EXAMENS

Les **attitudes** face à un examen dépendent de l'histoire personnelle de chacun, de la signification que l'on donne à l'**échec** ou à la **réussite**, du degré de **perfectionnisme**, des pressions de l'entourage (parents, amis) . . . Tous ces facteurs peuvent influencer notre façon d'**aborder** les examens. Il est extrêmement important d'examiner de près 10 ces attitudes pour changer, dans la mesure du possible, les idées **irréalistes** et **irrationnelles** qui nuisent à la **concentration** et à l'apprentissage.

LE RYTHME DES RÉVISIONS

En plus de l'analyse de nos attitudes personnelles, la préparation à un examen représente un facteur important de réussite. En fait, cette préparation commence dès le premier cours. Oui, d'accord, me direz-vous, mais il n'y a pas que des **étudiants** 15 **modèles** dans des **conditions idéales** ! Alors, comment bien planifier vos dernières semaines avant l'examen ?

1. Faites un **survol** des matières à réviser de façon à évaluer le temps d'étude à **accorder** à chacune ; notez le nombre d'heures.

20   **2. Établissez** un plan de travail équilibré en **tenant compte** de l'ordre d'apparition des examens et de la difficulté de chacun des chapitres à revoir.

3. Faites **alterner** les phases d'étude et de repos.

4. Prévoyez des moments libres pour les **imprévus**.

5. Identifiez votre période de **productivité maximale** (matin, soir) et utilisez-la
25   pour les matières les plus compliquées.

6. Respectez vos **cycles de travail** (30, 45, 60 minutes). Il n'est pas bon de **dépasser** une heure d'étude.

7. Commencez par une matière complexe suivie d'une matière simple.

8. Bougez entre les périodes d'étude.

COMMENT RÉVISER ?

30   **1.** Il est **prouvé** qu'il faut revoir une matière 2 ou 3 fois avant un examen, à des journées différentes.

2. La révision se fait au moyen de résumés mentaux ou écrits, de **récitation** et de reprise de problèmes ou d'exercices.

3. Revoyez toute la matière et **dégagez** les **points essentiels** afin d'avoir une vision
35   globale.

4. Essayez de **prévoir** les questions.

5. Faites-vous des **fiches** de synthèse pour la révision de dernière minute.

6. Pour aider la **mémorisation**, associez des **notions** difficiles à retenir ou très importantes à des images insolites, **frappantes** ; essayez de visualiser les schémas,
40   les symboles, les notes de cours.

7. Soyez actifs en révisant : posez-vous des questions, expliquez la matière à d'autres personnes, répétez plusieurs fois, parlez, **gesticulez**, mimez les réponses.

LA VEILLE ET LE JOUR "J"

1. La **veille** de l'examen, ne faites qu'une courte révision ; **détendez-vous** et prenez une bonne nuit de sommeil. La **nuit blanche** est **déconseillée** !

45   **2.** Arrivez dans la salle de classe ou d'examen plus tôt afin de choisir l'endroit qui vous convient le mieux.

3. Respirez profondément en insistant sur l'expiration. Évitez les idées négatives ou irréalistes.

4. En recevant la feuille d'examen, faites un survol rapide des questions, remarquez
50   leur nombre, le nombre de points prévus pour chacune et estimez la longueur des réponses sollicitées.

5. Lisez attentivement toutes les **consignes**.

6. Écrivez **en marge** les idées ou formules importantes qui vous viennent en tête et que vous avez peur d'oublier.

7. Répondez **d'abord** aux questions les plus faciles.

8. Tracez-vous un plan de réponse pour chaque question et limitez-vous, en premier lieu, aux éléments essentiels.

9. Soulignez les **mots-clés**, définissez, comparez, discutez, etc.

J'espère que ces **conseils** vous seront **utiles**, il ne me reste plus qu'à vous souhaiter bonne chance (c'est parfois utile !).

Revue *Vies-À-Vies*
Université de Montréal

⊚ *1. Mise en train*

Oralement, deux par deux ou en équipes de trois ou quatre, répondez aux questions suivantes :

a) À l'école secondaire, étiez-vous très stressé(e) pendant la période des examens ? Quelles étaient vos réactions face au stress et à l'anxiété ? Donnez quelques exemples précis.

b) Selon vous, quels sont les trois facteurs les plus importants qui sont responsables de l'anxiété chez les étudiants ? Dites pourquoi :

- La difficulté de la matière
- La compétition entre les étudiants
- Le manque de temps
- La diminution des loisirs
- Le manque d'argent
- L'anonymat
- Les longues heures de travail
- La solitude
- Le travail à temps partiel

c) La période des examens est-elle, pour vous, une période de chauffage à blanc ? Expliquez.

d) Réviser pour un examen est-ce l'équivalent d'un bourrage de crâne ? Donnez des exemples tirés de votre expérience personnelle.

e) Pendant les périodes d'examens, quelles sont les meilleures façons de réduire le stress et de contrôler l'anxiété ? Faites deux ou trois suggestions concrètes.

f) Devrait-on abolir les examens officiels ? Si oui, quelles autres méthodes d'évaluation suggérez-vous ?

g) Lorsque vous êtes vraiment stressé(e), qu'est-ce qui vous détend, qu'est-ce qui vous permet de décompresser, de vous détendre ?

2. Compréhension du texte

Questions générales

1. Que savons-nous de l'auteure de cet article ?

2. En combien de parties l'article est-il divisé et quels en sont les sous-titres ?

3. Trouvez un autre titre à cet article.

Questions de compréhension détaillées

1. D'après le texte, l'anxiété ressentie avant un examen est-elle un phénomène courant ?

2. Selon l'auteure, l'anxiété face aux examens est-elle toujours négative ? Expliquez en quoi.

3. Selon la psychologue Marie-Andrée Linteau, la préparation aux examens doit se faire par étapes, lesquelles ? Résumez chaque étape dans vos propres mots.

4. Qu'est-ce qu'un étudiant devrait faire lorsqu'il reçoit sa copie d'examen ? Pourquoi ?

5. Quelles questions devrait-on traiter en premier lieu lorsque l'on reçoit sa copie d'examen ? Dans quel but ?

6. Qu'est-ce que l'auteure recommande de faire la veille de l'examen ?

7. Pourquoi est-il préférable d'arriver plus tôt le jour d'un examen ? Donnez vos raisons et celles de l'auteure.

8. Qu'est-ce qu'une « nuit blanche » ?

9. En guise de conclusion, que souhaite l'auteure aux étudiants ? Pour quelle raison ?

10. Selon vous, quelles sont les attitudes personnelles qui sont responsables de la réussite ou de l'échec aux examens ?

3. Vocabulaire

1. **A l'aide du contexte et de votre dictionnaire (avec des définitions, des synonymes ou des exemples), expliquez en français le sens des mots ou groupes de mots en caractères gras retrouvés dans le texte.**

2. Pratique orale du vocabulaire

   ● Travaillez deux par deux. A tour de rôle, posez les questions à votre partenaire. Vous devez répondre en utilisant les mots ou expressions soulignés.

Étudiant 1-

a) La période des examens, est-elle pour toi une période exténuante ou plutôt stimulante ? Pourquoi ?

b) Afin d'augmenter ta concentration, quels moyens utilises-tu ?

c) Quelle est ta période de productivité maximale ? Que choisis-tu de faire dans ces moments-là?

d) Quelles stratégies utilises-tu afin de mémoriser des connaissances ?

e) Es-tu un apprenant plutôt auditif (qui aime les explications verbales) ou visuel (qui préfère les dessins, graphiques et schémas) ?

f) Dans quelles circonstances, autres que les examens scolaires, as-tu déjà eu le trac ? Quelles sont les manifestations physiques du trac chez toi ?

Étudiant 2-

a) Que fais-tu la veille d'un examen ?

b) Es-tu un étudiant perfectionniste ?

c) Trouves-tu les conseils de tes professeurs utiles ?

d) Lorsque tu reçois ta copie d'examen, lis-tu attentivement les <u>consignes</u> ?

e) Te considères-tu comme un <u>étudiant modèle</u> ? Selon toi, quelle est la définition d'un étudiant modèle ?

f) As-tu déjà <u>passé une nuit blanche</u> afin d'étudier ou de réviser la matière d'un examen ?

3. **Complétez les phrases suivantes avec des mots ou expressions qui se trouvent en caractères gras. Le chiffre renvoie à la ligne appropriée. Faites les transformations grammaticales nécessaires.**

a) Beaucoup d'étudiants croient que la période des examens est _paralysante_. Ils ont peur et se sentent nerveux. **(ligne 6)**

b) Les _attitudes_ personnelles face aux examens sont des facteurs importants dans la réussite ou dans l'échec aux examens. **(ligne 7)**

c) L'apprentissage se fait rarement dans des _conditions_ _idéals_. **(ligne 16)**

d) Elle révise la matière difficile en premier lieu. Elle _établit_ un plan de travail équilibré. **(ligne 20)**

e) Il faut toujours _tenir compte_ de la difficulté de certaines matières. **(ligne 20)**

f) C'est bien ! Tu ne _dépasses_ jamais tes limites. **(ligne 26)**

g) _Il est prouvé_ que l'on étudie mieux après une bonne nuit de sommeil. **(ligne 30)**

h) Lors d'une discussion, il est bon de dégager les idées _essentielles_. **(ligne 34)**

i) Notre professeur _se défendre_ _relaxer_ en écoutant de la musique. **(ligne 43)**

j) Je passe souvent des ~~petites nuits~~ blanches à danser dans les bars de Hull. **(ligne 44)**

k) On dit que les Francophones *gesticulent* plus en parlant que les Anglophones. **(ligne 42)**

4. **Complétez les phrases à l'aide d'un mot de la liste ci-dessous. Faites les transformations grammaticales nécessaires. Le chiffre renvoie à la ligne appropriée dans le texte.**

- Irrationnel **(ligne 12)**
- Irréaliste **(ligne 11)**
- Imprévu **(ligne 23)**
- Récitation **(ligne 32)**
- Prévoir **(ligne 36)**
- Fiche **(ligne 37)**

- Notion **(ligne 38)**
- Frappant **(ligne 39)**
- Survol **(lignes 18, 49)**
- En marge **(ligne 53)**
- Mot-clé **(ligne 58)**

a) J'ai un système de _____ qui me permet de me retrouver dans mes notes de cours.

b) Pour approfondir sa compréhension d'un texte, l'étudiant modèle surligne les _____.

c) Il n'a pas tout lu, il a fait un _____ rapide du chapitre.

d) Emportez toujours une couverture en voiture en cas d' _____.

e) Elle _____ toujours des temps de repos.

f) Cette _____ est trop abstraite. Je ne la comprends pas.

g) Sa ressemblance avec son frère est _____.

h) Il n'a pas d'argent, son projet de voyage en Europe est _____.

i) Dans la vie, mieux vaut être logique ; il faut éviter les comportements _____.

j) Pour vous, la _____ de phrases par cœur est-elle utile pour les examens ?

k) Les professeurs font des remarques _____ de nos devoirs.

4. Expansion du vocabulaire

1. **Trouvez dans le texte des synonymes correspondant aux mots ou expressions suivants. Le chiffre renvoie à la ligne correspondante dans le texte.**

	Synonymes		Synonymes
une faillite : *Exemple :*	ligne 8 : un échec	décompresser	ligne 43 :
évident	ligne 30 :	envisager	ligne 36 :
un avis	ligne 59 :	aller au-delà de	ligne 26 :
fortifiant	ligne 5 :	nécessaire	lignes 10, 14 :
un succès	ligne 8 :	en premier lieu	ligne 55 :

2. **Trouvez dans le texte ou dans le dictionnaire le verbe qui correspond aux noms suivants, puis conjuguez-le.**

	Verbe à l'infinitif	Verbe conjugué (présent de l'indicatif)
Exemple : dépassement	*dépasser*	*nous dépassons*
établissement		vous
dégagement		nous
prévision		elles
reprise		ils
preuve		tu
détente		je
accord		vous

3. **Réemploi : Complétez les phrases suivantes avec un verbe de la liste ci-dessous. Utilisez chaque verbe une fois, et conjuguez-le selon le contexte.**

prouver, dégager, dépasser, reprendre, prévoir, accorder

1) Je ne comprends pas la théorie présentée aujourd'hui en classe. Ces notions compliquées me _____ .

2) Relisez bien vos notes de cours et _____ les points pertinents.

3) Ces études _____ que la révision faite à plusieurs reprises permet de mieux réussir à un examen.

4) Essayez de _____ assez de temps pour la révision finale la veille de votre examen..

5) L'étudiant sérieux _____ beaucoup de temps à la révision des matières difficiles.

6) Les étudiants qui _____ les exercices ou les problèmes plusieurs fois les comprennent mieux.

◎ *5. Commentez*

Discutez oralement ou faites une composition écrite à partir des sujets suivants :

a) Le stress est une maladie de notre société avec laquelle il faut apprendre à vivre.

b) Les gens accordent une importance exagérée aux notions de performance et d'excellence. Ils s'obligent à vivre avec un niveau de stress nocif pour leur santé physique et psychologique.

c) La préparation aux examens doit commencer dès le premier cours.

d) Faites le portrait d'un étudiant modèle.

e) Selon vous, quelles sont les conditions universitaires idéales ?

f) Le statut d'étudiant universitaire n'a plus autant de prestige qu'il y a vingt ans en termes de reconnaissance sociale.

g) Pour l'étudiant universitaire d'aujourd'hui, étudier n'est qu'une activité parmi beaucoup d'autres.

CHAPITRE 5

La procrastination ou la folie de la dernière minute

D'après Marie-Andrée Linteau, psychologue, Université de Montréal

Vous avez l'habitude d'attendre à la dernière minute pour préparer vos **examens** de fin de **session**? Vous souffrez du syndrome de la gastro : « Excusez monsieur le professeur, je n'ai pas pu faire mon travail la semaine dernière, j'ai eu une très mauvaise gastro, vous savez celle qui court ces temps-ci. » Vous êtes du genre à acheter vos cadeaux de Noël entre 3 h et 6h le 24 décembre. Votre copain vous attend 5
pour aller souper avec des amis mais plus il **s'impatiente**, plus vous prenez votre temps. Vous avez toujours un petit 5 à 8 minutes de retard à toutes vos réunions d'équipe. Vous préférez, croyez-le ou non, faire le ménage de l'appartement plutôt que de commencer à écrire votre composition. **En fait**, vous vivez un enfer à chaque examen ou avant chaque rencontre sociale. 10

Alors, il y a de bonnes chances que vous soyez aux prises avec un problème de *procrastination*. Je sais, je sais, ce n'est pas un mot très joli, mais il existe bel et bien dans le Petit Robert : *tendance à tout remettre au lendemain.*

Mais qui ne le fait pas à un moment ou à un autre de sa vie? Est-ce vraiment un problème? Quand la procrastination est une façon de se donner du temps pour 15
réfléchir, pour prendre une distance critique, qu'elle ne touche qu'un secteur de votre vie (ex : la vie sociale), quand elle est une alliée pour **évaluer** et choisir les demandes qui vous sont adressées, alors considérons la procrastination comme un **mécanisme** d'**adaptation** très **utile**. Si, **au contraire**, les conséquences de vos retards sont **dramatiques** (ex : perdre un emploi, échouer à un examen), que la **culpabilité** 20
et le remords vous **envahissent**, si chaque fois votre **confiance** en vous **diminue**, alors oui, la procrastination est vraiment un problème.

La procrastination, ce n'est ni de la **paresse**, ni de la mauvaise volonté. C'est une façon, subtile parfois, de se protéger de **peurs** intenses et d'éviter de **faire face à** des problèmes personnels. Cet article **examinera** certaines de ces peurs et tentera d'explorer les sources de ce mécanisme d'adaptation, à partir des messages que la famille nous a **transmis**.

1. LES PEURS

a) Ce serait terrible d'échouer, je ne survivrais pas!

La peur d'**échouer** est souvent à la base d'une attitude de procrastination. **En effet** derrière la procrastination se profile la **conviction** que si l'on n'est pas parfait, exceptionnel ou hyper performant, on ne vaut rien. Le succès est alors impératif pour protéger une **estime de soi** très **fragile**. La procrastination nous **réconforte** dans notre croyance que notre **potentiel** est bien plus grand que ne l'est notre performance. Par exemple, quand nous **attendons** à la dernière minute pour préparer un examen et que nous **obtenons** une note moyenne, nous pouvons nous dire : « Ah! Si j'avais vraiment bien préparé cet examen, j'aurais eu un A »; si d'un autre côté, on décroche un A, il n'y a qu'un pas à franchir pour se dire : « Oh la la! Imaginez donc quel genre de travail j'aurais fait si je m'y étais pris à temps! ».

Nous sommes dans l'univers du **perfectionnisme** où il n'y a pas de demi-mesure et où l'**excellence** doit être acquise supposément sans effort. Un monde où règne une menace constante de ne pas être à la hauteur, d'être **médiocre**, où se profile le spectre terrifiant de la honte et du mépris des autres. Un monde où demander de l'aide est l'**aveu** de notre **faiblesse**, la **preuve** d'un défaut fondamental. Le malheur dans tout cela est qu'on en est venu à croire que si l'on n'**atteint** pas une performance, on ne sera pas aimé; et ici le mot performance peut prendre différents sens : exceller intellectuellement, **séduire à tout prix**, faire constamment rire les autres, relever des **défis** impossibles. C'est le rôle que l'on a probablement adopté dans notre famille pour **obtenir** l'amour et l'attention de parents toujours **insatisfaits**, peu sûrs d'eux malgré les **apparences** ou parfois **déprimés**. Vous savez ces parents qui vous disent implicitement ou de façon toute avouée : « Ah! 90 % . . . c'est pas mal, mais je sais que tu pourrais faire mieux ».

Alors, on évalue sa valeur personnelle uniquement **en fonction de** ce que l'on fait, car autrement on pourrait craindre d'être **décevant**, laid, méchant, **ennuyeux** ou trop **ordinaire**.

Le désir d'être parfait peut se **déguiser** également sous la forme d'une absence **évidente** de tout esprit de compétition; on peut choisir de ne pas être dans la course pour se **protéger**, encore une fois, d'une défaite possible. Performance et contre-performance sont cousins germains!

b) Tu ne me contrôleras pas!

Parfois procrastiner est une façon de dire à quelqu'un que nous sommes plus fort que lui, qu'il ne nous dominera pas (professeur, ami, patron). Mais derrière ces personnes réelles se dessine l'ombre, souvent inconsciente, d'une mère **contrôlante**, d'un père **rigide**, de parents qui se sont mis en tête de faire de nous, leur fierté. Sans le savoir, bien souvent, nous **projetons** sur le **conjoint** ou le supérieur ces dictateurs ou tortionnaires intérieurs. Alors s'**établit** une lutte de pouvoir, un jeu de force. La procrastination devient une arme **privilégiée** pour **affirmer** notre autonomie face à une telle autorité, tout en évitant de s'opposer directement et de faire face à la perspective d'être « battu ». Plus nous avons souffert d'abus, plus nous nous sommes sentis impuissants et humiliés, plus la procrastination sera généralisée. Il faut alors gagner toutes les batailles, ne jamais **concilier** quoi que ce soit.

C'est un **univers** de lutte contre la toute puissance imaginée de l'autre, c'est la **ruse** constante pour ne jamais montrer de **faiblesse**. C'est un univers de défense contre un monde extérieur « dangereux », contre nos propres besoins de **dépendance**, où la **coopération** est vue comme une capitulation, où la **force** de l'autre fait nécessairement notre faiblesse, bref, où s'opposer à l'autre est plus important que faire ce que l'on désire. Mais il y a là un **paradoxe** : afin d'éviter à tout prix que l'autre ait le pouvoir sur nous, nous lui conférons, en fait, un immense pouvoir en y **réagissant** constamment. L'**enjeu** dans cette **lutte**, c'est notre propre **autonomie**, notre façon de dire : « J'existe pour ce que je suis! ».

Même si à l'intérieur d'eux-mêmes la bataille est **virulente**, la plupart du temps dans la réalité, les procrastinateurs sont **charmants**, d'allure collaboratrice et parfois même **soumis**. Mais, ils sont souvent en retard, oublient d'apporter leur partie du travail à leur réunion d'équipe ou n'ont pas eu le temps d'acheter le cadeau pour le souper anniversaire de leur copain. Comment se fâcher contre eux, puisqu'ils se sont donné toute cette peine pour venir quand même et puisqu'ils sont si désolés de leur **manquement**.

c) J'ai peur de faire ma vie ou j'ai peur de m'attacher!

Ces peurs, contradictoires en apparence, parlent toutes les deux d'une recherche de la bonne distance à établir avec les autres.

Pour ceux qui **craignent** l'**éloignement**, la perspective de se retrouver seul est **terrifiante**. La procrastination peut être une façon de ne jamais se séparer, de ne jamais faire sa vie, de ne jamais réaliser ses propres **ambitions**. Ils n'en finissent pas d'étudier, de se préparer à la vie, de chercher des **conseils** pour prendre leurs **décisions**. Ils semblent toujours éprouver des difficultés, dans l'espoir d'être **sauvés**. Ils se mettent au service des autres et **évitent** ainsi de se définir comme une personne singulière. Ils croient souvent qu'ils ne méritent pas de réussir et que leur **succès** fera nécessairement le **malheur** des autres.

Pour ceux qui ont de la difficulté à s'**attacher**, la procrastination est un moyen privilégié d'**éviter** de s'**engager** dans un **projet**, de s'**approcher** intimement de quelqu'un d'autre : ils craignent d'être **envahis**, drainés par les demandes des autres ou encore de découvrir, à leur propre étonnement, leur immense besoin de dépendance et de **soutien** moral.

2. COMMENT DEVIENT-ON PROCRASTINATEUR ?

Il n'y a malheureusement pas de réponse claire à cette question **complexe**. Nous avons vu précédemment que ce qui était souvent en jeu dans la procrastination, c'était un besoin d'être parfait, **idéal**, une lutte plus ou moins **féroce** pour affirmer son **identité** ou son **autonomie**, une **crainte** de se séparer de l'autre, de faire sa vie ou **au contraire**, une **défense** contre ses propres **besoins** de dépendance.

Notre famille, notre éducation, notre histoire de relations intimes ont une **influence considérable** sur ce que nous devenons. Nous sommes tous marqués profondément par nos liens familiaux, nous sommes le fruit de générations passées, d'**attentes** et de **rêves** brisés. Chaque famille a ses lois explicites, son cadre de **fonctionnement**, chacune a aussi ses règles implicites, son agenda secret, son **inconscient**.

On peut se demander alors ce qui a bien pu se passer dans certaines familles pour que la **quête** de la perfection, la **lutte** acharnée pour défendre son identité et affirmer son autonomie, la peur panique de s'approcher ou de s'éloigner ne devienne le leitmotiv de toute une vie. Vous pourrez aussi m'**objecter** que ces **enjeux** sont **communs** à tous les êtres humains.

Oui, mais pour les procrastinateurs **invétérés**, la **tâche** est plus **compliquée**. Ils ont compris très **tôt** dans leur vie qu'il n'y avait pas de place dans l'esprit de leurs parents pour exister en étant différent d'eux. Les parents, à cause de leur propre histoire, ont pu voir en leurs enfants l'occasion de **réparer** une **image dévalorisée** d'eux-mêmes et ainsi leur demander, le plus souvent inconsciemment, de faire ce qu'ils auraient toujours **souhaité** pour eux-mêmes. Ou **au contraire**, on peut **imaginer** des parents qui ont réussi dans la vie à force de **volonté** et de travail **acharné** et qui n'acceptent pas que leurs enfants, pourtant plus **avantagés** qu'eux au point de départ, les mettent en **échec** et ainsi les obligent possiblement à sentir leur propre manque affectif masqué par une **réussite éclatante**.

Plus l'attitude des parents (ou de ceux qui font office de parents) a été perçue par l'enfant comme **contrôlante**, **inflexible** et toute-puissante, plus il **a vécu** d'**humiliation face à** ses mouvements **spontanés**, plus la lutte pour son autonomie sera **féroce** et envahissante.

Que l'enfant réussisse ou échoue à combler les **attentes** des parents, le problème est le même : il n'y a de place que pour le désir des parents. La procrastination permet de dire au parent intérieur (car le plus souvent, ce n'est pas avec le parent réel qu'on se bat mais avec le parent de notre petite enfance) que l'on **existe** en dehors de lui, que nous ne sommes pas sa chose. Conséquemment, on verra un étudiant qui a bien réussi pendant toutes ses études et qui, à la fin de la **maîtrise** ou du **doctorat**, échoue à son dernier examen. Ou encore, on rencontrera des étudiants qui ont beaucoup de **potentiel** et qui pourtant vont d'**échec** en échec ne **fournissant** pas leur plein **effort**; inconsciemment, ils sont peut-être en train de **contester** les visées de leurs parents et évitent également de s'exposer à une évaluation critique des professeurs et des collègues. Quel **paradoxe**!

Lorsque l'on parvient à **reconnaître** les **messages** parentaux, à comprendre les **conflits** des générations qui nous ont **précédés**, nous pouvons **préciser** nos **perceptions** et nos **sensations** parfois **confuses**, nommer les **contraintes** auxquelles on a été soumis, regagner ainsi du **pouvoir** sur notre vie et **relativiser** notre part de responsabilité dans les attentes et **comportements** de nos parents à notre égard.

On **porte** en nous, et très profondément, les **attitudes** de nos parents et **parfois** pour garder avec eux un **lien** très étroit (qu'ils soient décédés ou vivants), on **continue** à **agir** comme on l'a toujours fait, **malgré** un **sincère** désir de **changement**. Se séparer de nos parents est la tâche d'une vie. La procrastination nous sert alors à leur rester **fidèles** tout en essayant de **sauvegarder** notre identité. Peut-être faut-il arriver à faire le **deuil** de nos parents et accepter d'être comme nous sommes, le sujet de notre propre existence avec nos **qualités** et nos **défauts**. Et . . . comme le disait Paul Watzlawick, psychologue américain : « La maturité, c'est de faire ce que l'on veut même si nos parents nous ont dit de le faire ».

ÊTES-VOUS UN(E) PROCRASTINATEUR (TRICE) ?

Oui ou Non

1. J'arrive généralement en retard à mes rendez-vous : _____

2. Je respecte difficilement les échéances pour la remise de mes travaux : _____

3. J'ai tendance à oublier les anniversaires de mes proches : _____

4. Il m'arrive régulièrement d'attendre **à la dernière minute** pour me mettre au travail : _____

5. Plus on me demande d'aller vite, plus je **ralentis** : _____

6. En début de session, je me promets **toujours**, que cette fois-là, je vais me conformer à mon plan d'étude : _____

7. Mes attentes sont tellement élevées que j'ai souvent du mal à m'installer à ma table de travail et à commencer mes devoirs : _____

8. J'ai **souvent** honte de moi lorsque je ne respecte pas les **délais** : _____

9. J'ai toujours de bonnes excuses pour ne pas faire ce que je **n'ai pas envie de** faire : _____

10. Je prends **tellement** de temps à lire tout ce qui a été écrit sur un sujet que je n'en ai plus pour **rédiger** mon travail : _____

11. Mes retards **chroniques** sont source de **conflit** dans mes relations interpersonnelles : _____

12. Je repousse **constamment** mes démarches de recherche d'emploi : _____

13. Il m'est arrivé souvent d'avoir à payer des intérêts pour des règlements de factures en retard : _____

14. J'hésite **longtemps** avant de me décider à aller rencontrer un professeur : _____

Comptez le nombre de oui :

- De 0 à 3 : vous êtes un procrastinateur très **léger**.
- Entre 4 et 9 : vous êtes un procrastinaeur **occasionnel**.
- De 10 à 14 : vous êtes un procrastinateur **sérieux**.

Revue Vies-À-Vies
Université de Montréal

1. Mise en train

Oralement, deux par deux ou en équipes de trois ou quatre, répondez aux questions suivantes :

a) Quel score as-tu obtenu au questionnaire ? D'après ce test, quel genre de procrastinateur(trice) es-tu ? Afin de t'améliorer, quelles habitudes devrais-tu changer ?

b) En général, as-tu l'impression de procrastiner par manque de motivation ou par paresse ?

c) Selon des études internationales, la procrastination pathologique donc problématique touche 20% de la population générale et environ 50% d'étudiants ? Selon, toi, pour quelles raisons touche-t-elle autant d'étudiants ?

d) Selon toi, quelles sont les conséquences de cette malheureuse habitude de tout remettre au lendemain sans raison valable ?

e) À par les études, dans quels autres domaines est-il possible de procrastiner ? Donne quelques exemples concrets :

f) Quels sont les moyens efficaces de surmonter le problème de la procrastination scolaire ? Toi, que fais-tu pour y remédier ?

g) Dans ton cas, quelles sont les raisons qui te portent à remettre au lendemain une tâche urgente :

- La peur de l'évaluation
- Le refus des exigences d'autrui
- Le manque d'intérêt
- Le perfectionnisme
- L'incertitude et la difficulté de prendre des décisions
- La crainte de l'inconnu
- L'évitement de situations ennuyantes ou désagréables
- Un problème d'habitude qui a pris racine avec le temps
- Une perception erronée du temps

◎ *2. Compréhension du texte*

Questions générales

1. Donnez un autre titre à cet article.

2. L'article est divisé en deux parties, quels en sont les Titres ?

3. Quels sont les trois sous-titres de la première partie ?

Questions de compréhension détaillées

1. Dans l'introduction, l'auteure dit que la procrastination n'est pas nécessairement un problème et qu'elle peut être un mécanisme d'adaptation utile. Décris trois situations tirées du texte où remettre au lendemain n'est pas problématique :

2. Toujours au 3ième paragraphe, quand cette habitude devient-elle un véritable problème ?

3. À la fin de l'introduction, que se propose de faire l'auteure de cet article ?

4. Dans tes propres mots, explique quelles sont les trois peurs décrites dans le texte qui mènent à la procrastination ?

5. Certaines peurs sont contradictoires en apparence, lesquelles ? Quelle différence existe-t-il entre ces deux peurs ?

6. Selon l'auteure, pour quelles raisons avons-nous peur d'être contrôlé ou dominé par les autres ? D'où nous vient cette peur, comment peut-on l'expliquer ?

7. Quelles conséquences néfastes peut avoir ce genre de peur qui nous pousse à refuser catégoriquement les exigences d'autrui ? Donnez des exemples tirés du texte :

8. Certaines personnes redoutent tellement d'échouer ou d'être critiquées qu'elles reportent à plus tard la réalisation de leur travail. Pourquoi selon l'auteure ont-elles ce comportement ? Quelles croyances les poussent à agir ainsi ?

9. Décris avec tes propres mots l'univers du perfectionnisme tel que présenté dans le texte :

10. Quelles sont toutes les raisons qui incitent un individu à procrastiner ? Vous trouverez les réponses dans la dernière partie du texte intitulée : « Comment devient-on procrastinateur ? »

◉ *2.1 Vrai ou Faux ?*

Indiquez si d'après le texte de Marie-Andrée Linteau l'énoncé est vrai (v) ou faux(f) dans l'espace qui vous est fourni.

1. La procrastination c'est toujours une question de paresse et de mauvaise volonté.
   _____

2. Un(e) procrastinateur (trice) se protège parce qu'il ou elle a peur. _____

3. Un perfectionniste s'évalue en fonction de ce qu'il est et non de ce qu'il fait.
   _____

4. L'absence de tout désir de compétition est dans le texte synonyme de contre-performance. _____

5. Remettre une tâche urgente au lendemain peut signifier : Je suis plus fort que toi, tu ne peux rien exiger de moi ! _____

6. Pour un procrastinateur, la coopération est perçue comme une faiblesse.
   _____

7. Les psychologues savent exactement comment on devient procrastinateur.
   _____

8. Certains parents ont une attitude ambivalente face à la réussite de leurs enfants.
   _____

9. L'étudiant qui a un grand potentiel réussira à coup sûr. _____

10. Se séparer de ses parents est la tâche de toute une vie. _____

◎ *3. Vocabulaire*

1. À l'aide du contexte et de votre dictionnaire, expliquez en français vingt nouveaux mots ou groupes de mots en caractères gras retrouvés dans le texte.

2. Pratique orale : Réemploi du vocabulaire

   ● Travaillez deux par deux. À tour de rôle, posez les questions à votre partenaire. Vous devez répondre en utilisant les mots ou expressions soulignés. Le chiffre renvoie à la ligne appropriée.

Étudiant A

a) As-tu l'habitude d'attendre à la dernière minute pour préparer tes examens ? **(ligne 1)**

b) Ne pas obtenir A+ dans un travail, est-ce dramatique pour toi ? **(ligne 20)**

c) Quelles sont tes grandes ambitions dans la vie ? **(ligne 95)**

d) Quelles sont les personnes qui t'influencent beaucoup ces dernières années ? **(ligne 112)**

e) Selon tes amis, quelle est ta plus grande qualité ? **(ligne 158)**

Étudiant B

a) Quelles sont les tâches domestiques que tu détestes faire chez toi ? **(ligne 122)**

b) Quels rêves aimerais-tu réaliser lorsque tu auras terminé tes études ? **(ligne 114)**

c) En général, est-ce que tu es une personne très autonome ? **(ligne 82)**

d) Est-ce que tu réfléchis beaucoup avant de passer à l'action ? **(ligne 16)**

e) Habituellement, écoutes-tu les conseils que tes amis te donnent ? **(ligne 96)**

3. **Complétez les phrases suivantes avec les mots ou expressions de la liste ci-dessous ou de leurs dérivés. Le chiffre renvoie à la ligne correspondante dans le texte. Faites les transformations grammaticales nécessaires.**

- Peur
- Relativiser
- Transmettre
- Décevant
- Conjoint
- Attitude
- Défaut
- Conflit
- Lien
- Sensation

- Rigide
- S'établir
- Malheur
- Défense
- Sauvegarder
- Confus
- Maitrise
- Fidèle
- Attente
- Échec

a) Sa peur de l' _____ lui fait remettre tout au lendemain. **(130)**

b) Cette fille adore les _____ fortes. Tous les samedis, elle fait du parachutisme. **(149)**

c) Ses parents sont très _____, ils ne lui permettent pas de sortir avec des amis la fin de semaine. Ils sont d'une autre époque ! **(65)**

d) Cet homme est _____ en amitié. Il ne laisse jamais tomber ses amis et les aide au besoin. **(156)**

e) Mon plus grand _____ c'est la gourmandise. J'aime manger et je ne sais pas quand m'arrêter ! **(158)**

f) Dans la vie, il faut savoir _____ car rien n'est entièrement blanc ou entièrement noir, il y a des zones grises. **(150)**

g) La notion d' _____ est un phénomène psychologique complexe. Les chercheurs n'arrivent pas à un consensus quant à sa définition. **(152)**

h) J'aime énormément mon frère, un _____ étroit m'unit à lui. **(153)**

i) Cet individu a eu tellement de _____ dans la vie. En deux ans, il a perdu son meilleur ami et un incendie a détruit sa maison. **(100)**

j) C'est un excellent professeur. Il aime enseigner et il sait comment _____ ses connaissances. **(27)**

k) Ma _____ est pilote d'avion pour Air Canada. **(66)**

l) C'est très _____ de recevoir D dans un examen. **(55)**

m) Les _____ des parents sont parfois trop grandes envers leurs enfants. Ils projettent sur eux leurs désirs et leurs rêves. **(114)**

n) Mes ancêtres _____ sur les rives du St-Laurent. Ils venaient de Poitou et ils étaient fermiers. **(67)**

o) Essayer de _____ ses racines françaises en Amérique, ce n'est pas toujours facile ! Ça prend de la détermination. **(156)**

p) C'est une personne _____. Elle ne sait jamais ce qu'elle doit faire ni par où commencer. **(149)**

q) Elle _____ très mal l'anglais. Lorsqu'elle parle, personne ne la comprend. **(141)**

r) Qu'avez-vous à dire pour votre _____ déclara l'avocat en cour de justice. **(110)**

s) La survie d'un couple dépend de sa façon de gérer les _____. Chaque problème a une solution. **(148)**

t) Sa _____ irrationnelle est devenue une phobie. Leonardo est incapable de prendre l'avion même s'il aimerait rencontrer sa famille au Mexique. **(24)**

4. **Complétez les phrases suivantes avec des mots ou expressions qui se trouvent en caractères gras. Le chiffre renvoie à la ligne où se trouve le mot dans le texte. Faites les transformations grammaticales nécessaires.**

a) La 2ième _____ me semble toujours plus courte que la première. **(ligne 2)**

b) Elle _____ lorsque tu arrives en retard. **(ligne 6)**

c) Chaque fois que tu mens, ma _____ en toi diminue. **(ligne 21)**

d) La _____ est la mère de tous les maux. **(ligne 23)**

e) Savoir _____ ses problèmes démontre chez un individu la marque d'une très grande maturité. **(ligne 24)**

f) Ce colis est _____, manipule-le avec soin. **(ligne 32)**

g) Il ne faut pas se fier aux _____, elles sont parfois trompeuses. **(ligne 51)**

h) Cette femme dort toute la journée et elle est constamment _____. Elle devrait voir un bon psychologue. **(ligne 51)**

i) Ce jeune couple a de la difficulté à _____ la famille et le travail. **(ligne 73)**

j) Tu es aussi _____ qu'un renard ! Tu réussis tout ce que tu entreprends. **(ligne 75)**

k) En tournant à droite, nous _____ un terrible accident de voiture. **(ligne 98)**

l) On dit que le _____ des uns fait le bonheur des autres. **(ligne 100)**

m) Dans sa maison, elle peut _____ tous les accessoires elle-même. Je l'envie car moi, je ne sais rien faire de mes dix doigts. **(ligne 125)**

n) Ils ont fourni des efforts _____, c'est la raison pour laquelle ils ont remporté le premier prix. **(ligne 112)**

o) Nous _____ deux ans à Montréal avant de revenir à Ottawa. **(ligne 133)**

5. **Cherchez un mot ou groupe de mots dans le texte qui peut remplacer chaque mot ou groupe de mots entre parenthèses dans les phrases suivantes. Le chiffre renvoie à la ligne correspondante. Faites les transformations grammaticales nécessaires.**

a) Ce (trimestre) a été particulièrement difficile : **(ligne 2)**

_____

b) Ce film d'horreur est (effrayant), il m'a fait vraiment peur : **(sous-titre : 1a)**

_____

c) Vous (avez eu) de belles notes dans ce cours, bravo ! : **(ligne 35)**

_____

d) Cette pièce de théâtre est très (quelconque), j'avoue qu'elle m'a beaucoup déçu(e) **(ligne 56)**

_____

e) Il est (clair) que ces étudiants ne réussiront pas leurs examens. Ils n'ont jamais ouvert leurs livres et ils n'écoutent jamais en classe : **(ligne 58)**

_____

f) J' (ai peur) d'avoir perdu mes clés hier soir à la bibliothèque : **(ligne 93)**

_____

g) Ses (plans) sont tout simplement merveilleux ! C'est original et audacieux: **(ligne 102)**

_____

h) Pourquoi (se déprécier) constamment ; laissons faire les autres, ils s'en chargeront : **(ligne 125)**

_____

i) Elle s' (invente) de belles histoires et ensuite, elle les couche sur papier ; elle ne manque pas d'imagination: **(ligne 128)**

_____

j) Sa réussite dans le domaine des affaires est (spectaculaire)! : **(ligne 131)**

_____

4. Expansion du vocabulaire

1. **Complétez les débuts de phrase, à gauche, en les reliant à des mots de la colonne de droite.**

Ce serait merveilleux	d'échouer à cet examen.
Elle travaille toujours	fortement à tes propos.
Ils ont réagi	les attentes de nos parents.
Vous craignez	de vivre tous nos rêves.
On porte en nous	très tard dans la nuit.

2. **Associez le mot de la colonne A à sa définition dans la colonne B.**

A	B
Invétéré(e)	Quelque chose ou quelqu'un d'insignifiant
Paradoxe	Quelqu'un dont les habitudes sont solidement ancrées, enracinées
Attitude	Ce que l'on peut gagner ou perdre lors d'une action
Médiocre	Opinion, proposition contraire à la logique, au sens commun
Enjeu	Sentiments que l'on affecte, comportement que l'on adopte selon les circonstances

3. **Trouvez des mots de même famille que les mots suivants extraits du texte. Aidez-vous d'un dictionnaire si nécessaire.**

Adaptation : Exemple :	Adapté	S'adapter	Ligne 17
Paresse			ligne 23
Perfectionnisme			ligne 40
Dépendance			ligne 77
Éloignement			ligne 93
Identité			ligne 109

4. **Commentez chaque énoncé avec une phrase complète. Utilisez le dictionnaire si nécessaire.**

Exemples :

Je trouve habituellement de bonnes raisons pour ne pas agir immédiatement :

C'est faux, j'agis dès que j'ai un travail à faire.

Ou

C'est juste, j'ai habituellement tendance à procrastiner.

a) En général, je sais ce que j'ai à faire mais je fais autre chose.

b) J'emporte souvent mes livres avec moi mais je ne les ouvre pas.

_____

c) Je travaille mieux sous pression et à la dernière minute.

_____

d) Il y a toujours trop d'imprévus qui m'empêchent d'accomplir mes priorités.

_____

e) J'évite les réponses franches lorsque je dois prendre une décision importante.

_____

f) Je prends des demi-mesures afin d'éviter ou de retarder une action déplaisante ou difficile.

_____

g) Je suis souvent trop fatigué(e), nerveux (se) ou préoccupé(e) pour faire les tâches qui m'attendent.

_____

h) J'aime mettre de l'ordre dans ma chambre avant d'étudier.

_____

i) J'attends d'avoir de l'inspiration avant de commencer un travail ou la préparation d'un examen important.

_____

j) Je pense souvent ne pas avoir fait le maximum et cela me donne l'impression que mon travail ne vaut rien.

_____

5. Commentez

Discutez oralement ou faites une composition écrite à partir des sujets suivants.

a) Toutes nos actions ont pour motivation profonde ces deux axes : nous fuyons la souffrance et recherchons le plaisir. Lorsqu'on a compris cela, l'habitude de procrastiner s'explique. Qu'en pensez-vous ? Êtes-vous d'accord avec cet énoncé ? Justifiez vos propos à l'aide d'exemples personnels.

b) Décrivez de façon détaillée trois moments-activités qui vous font procrastiner. Soyez précis dans votre description et choisissez bien les mots que vous employez car ils sont révélateurs de votre manière de fonctionner.

c) Êtes-vous d'accord avec cette phrase qui dit que mieux vaut avoir fait le travail moyennement que d'avoir voulu le faire parfaitement et n'avoir rien terminé du tout.

d) Selon vous, quelles sont les meilleures stratégies pour améliorer ses habitudes de travail et profiter pleinement de ses études ? Quels moyens sont utiles pour briser l'habitude de la procrastination ?

e) Remettre toujours tout à plus tard exige beaucoup de créativité dans la façon de se tromper soi-même. Parmi la multitude de prétextes possibles, lesquels vous sont familiers.

f) Développer de la tolérance envers les situations ennuyantes ou désagréables, mais nécessaires, est un atout indéniable pour atteindre nos objectifs. Qu'en pensez-vous ? Justifiez vos propos à l'aide d'exemples personnels.

CHAPITRE 6

L'intelligence sous toutes ses formes

D'après Silvia Revoredo, conseillère en orientation, Université de Montréal

Tout le monde a entendu parler des tests de **QI (quotient intellectuel)** qui **mesurent** surtout l'intelligence abstraite (logique) et l'intelligence linguistique (verbale). En effet, l'intelligence peut prendre plusieurs **formes**. Howard Gardner, psychologue américain, **avance** une théorie connue sous le nom de théorie des **intelligences multiples**. Cet article présente ces divers types d'intelligence et   5 leur importance quant au choix de notre carrière.

LES MULTIPLES FACETTES DE L'INTELLIGENCE

Gardner a identifié huit **types** d'intelligence : verbale, logico-mathématique, interpersonnelle, intrapersonnelle, kinesthésique, spatiale, naturaliste et musicale. Il travaille actuellement sur un neuvième type, l'intelligence existentialiste (spirituelle).

L'intelligence **verbale**, c'est l'habileté à bien utiliser et à bien comprendre le   10 langage, écrit ou parlé. On la **reconnaît** chez les **personnes** qui aiment parler, raconter des histoires drôles et en écouter, qui aiment la diversité des voix et qui ont une très bonne **mémoire** des dates et des noms. L'intelligence **logico-mathématique** est la **capacité de raisonner**, d'avoir un esprit logique, mathématique, d'établir des liens de cause à effet, de **résoudre** des problèmes et de comprendre les relations   15 abstraites. L'intelligence **intrapersonnelle** se définit comme étant la capacité de se comprendre soi-même, d'**identifier** ses sentiments, c'est-à-dire de pouvoir faire preuve d'**introspection**. Cette forme d'intelligence nous permet de voir ce dont on est capable, d'évaluer nos **forces** et nos **limites**. Par contre, l'intelligence **interpersonnelle ou sociale** permet à chaque **individu** d'**interagir** avec les autres   20 de façon adéquate, de les **influencer** et c'est grâce à elle qu'on peut devenir un **bon organisateur**. Ce type d'intelligence **favorise** l'**empathie**, la coopération et la

tolérance et nous permet de **détecter** les **intentions** de quelqu'un, ses sentiments, ses motivations et donc de l'aider le cas échéant.

25   L'intelligence **kinesthésique** permet de bien utiliser son corps dans ses mouvements pour s'exprimer au quotidien ou pour résoudre un problème, pour faire des activités artistiques ou pour pratiquer des sports. Les personnes kinesthésiques **ont besoin de** bouger et d'apprendre par la **pratique**, en touchant les choses ou les **gens**. L'intelligence **spatiale et visuelle**, quant à elle, peut se définir
30   comme étant la capacité de visualiser des formes en trois dimensions et de bien **se situer** dans l'**espace** et le **temps**. Elle fait appel à l'imagination, à la **pensée par images** et à l'habileté à se faire une bonne représentation mentale du **monde**. Le **sens de l'orientation** est une **caractéristique** de ce type d'intelligence. Quant à l'intelligence **musicale**, elle permet de reconnaître, de comprendre, de produire des
35   sons et des mélodies et de s'exprimer par la musique. On reconnaît cette intelligence chez **quelqu'un** qui aime chanter, danser, écrire de la poésie ou qui saisit facilement les accents d'une **langue étrangère**. L'intelligence **naturaliste** est la capacité de reconnaître ce qui nous entoure dans un environnement naturel (plantes, animaux, minéraux) et de classer, organiser et regrouper tout ce qui a trait à la nature. On la
40   reconnaît chez les gens qui sont **fascinés** par les animaux et leurs **comportements**, qui sont **sensibles** à l'environnement, chez ceux qui cherchent à comprendre la nature (par la **biologie** par exemple) ou à en **tirer parti** (en faisant de l'**élevage**, en cultivant un jardin ou en étant **en faveur** de l'établissement de parcs dans leur ville). C'est cette forme d'intelligence qui a permis à l'humanité de **survivre**. L'intelligence
45   **existentialiste/spirituelle** est l'habileté à **se questionner** sur le **sens** et l'**origine** des choses à l'intérieur de l'univers, à penser les choses **profondément**.

Chacun de nous possède tous ces types d'intelligence, mais à des **degrés** divers. Il est cependant possible, à tout âge, de développer les types d'intelligence dont nous sommes le moins bien pourvu à condition de nous donner la peine d'**effectuer** les
50   exercices adaptés en conséquence. Même les personnes qui n'ont pas d'aptitude particulière pour exercer une activité donnée peuvent, avec un peu de **pratique**, développer au moins certaines capacités requises dans le **domaine**, sans pour autant parvenir à faire de celui-ci un point fort. En effet, il est important de **différencier** nos points forts (qui relèvent de l'aptitude) de nos capacités, car on peut être capable de
55   faire quelque chose (un dessin, par exemple) sans **considérer** pour autant qu'on possède une force particulière dans le domaine du dessin.

INTELLIGENCES MULTIPLES ET CHOIX DE CARRIÈRE

Le fait de savoir quels sont, chez chacun de nous, les types d'intelligence qui sont les plus ou les moins bien développés, peut nous aider dans le **processus** du choix d'une carrière. Prenons l'exemple d'un étudiant qui, bien qu'il n'ait pas de **talent** en dessin, possède un intérêt marqué pour ce domaine et qui aimerait **se diriger** en design. Il lui faudra d'abord **évaluer** le **degré** d'**effort** qu'il devra fournir **afin de** développer cette habileté et juger, ensuite, si cela **vaut la peine** pour lui de persévérer. **En effet**, ce n'est pas parce qu'une personne ne possède pas une habileté qu'elle ne peut pas la développer. **Toutefois**, le fait de choisir une profession qui allie à la fois ses **intérêts** et ses **aptitudes** représente un grand **avantage**. Une personne qui **se dirige** dans un domaine qui fait appel à des **habiletés** qu'elle ne possède pas **naturellement** devra mettre plus d'**énergie** et **se sentira** peut-être mal à l'aise. Ainsi, si elle n'a pas suffisamment développé les types d'intelligence **requis** dans un domaine professionnel précis, elle devra peut-être reconsidérer son choix.

Les divers types d'intelligence présentés ici comme des formes **distinctes** sont, en fait, dans la vie, toujours en **interaction** : pour une activité **spécifique**, on **fait appel à** plusieurs intelligences **simultanément**. De même, dans la pratique, l'exercice d'une profession **sollicite** plusieurs types d'intelligence. Par exemple, en architecture, les intelligences spatiales et logico-mathématique sont grandement **utilisées** ; dans le domaine linguistique, c'est l'intelligence verbale qui est sollicitée alors que dans le domaine de la relation sociale, les intelligences intrapersonnelle et interpersonnelle sont plus importantes. En sachant à quels types d'intelligence l'exercice d'une profession **fait appel**, il est possible de faire un choix plus **éclairé en fonction de** ses forces personnelles. Mais, bien sûr, les aptitudes **ne** sont **qu'un** des éléments à considérer dans le choix professionnel, et il ne faut jamais **négliger** l'importance des **autres** caractéristiques telles que les **préférences**, les **valeurs** et les **traits de sa personnalité**.

La prise en compte du **concept** d'intelligences multiples peut donc **faciliter** l'exploration professionnelle. L'intelligence logico-mathématique est encore largement **valorisée** par la société, mais il **faut reconnaître** qu'elle n'est pas la **seule** à **exister** et que **chaque** type d'intelligence a ses avantages. Chaque personne possède des aptitudes qui peuvent l'aider et la **guider** dans son **questionnement** et **son choix** professionnel. L'important est de mieux savoir où se situent ses **forces** et ses **faiblesses** afin de mieux utiliser son **potentiel** tout en **prenant conscience de** ce qu'il faut améliorer. Bien connaître ces éléments est un **moyen** plus sûr de **construire** son **estime de soi**. On aura ainsi une image plus **juste** de soi-même et on pourra mieux faire nos choix en fonction de qui l'on est vraiment.

Revue Vies-À-Vies
Université de Montréal

1. Mise en train

Oralement, deux par deux ou en équipes de trois ou quatre, répondez aux questions suivantes :

a) Avez-vous déjà passé un test de QI?

b) Y a-t-il seulement deux seules formes d'intelligence, celles mesurées pas les tests de QI traditionnels (verbale et logico-mathématique) ou bien existe-t-il d'autres formes ? Lesquelles, selon vous ?

c) L'intelligence est-elle, à votre avis, une qualité héréditaire?

d) Dans l'apprentissage d'une langue étrangère, selon vous, qu'est-ce qui est le plus important, l'intelligence ou la motivation ? Expliquez.

e) Que pensez-vous de cet énoncé : Les gens très intelligents réussissent mieux leur vie que les gens d'intelligence moyenne.

f) Peut-on être brillant (très intelligent) et rater sa vie?

g) Est-ce que certaines formes de l'intelligence diffèrent d'une culture à l'autre? Si oui, lesquelles?

2. Compréhension du texte

Questions générales

1. Qui est Howard Gardner (profession, nationalité) ?

2. Quelle est l'idée principale de la théorie de Howard Gardner?

3. À quoi peut servir, dans la vie pratique, la théorie de Howard Gardner et pourquoi ?

Questions de compréhension détaillées

1. Quelles formes d'intelligence sont évaluées par les tests de quotients intellectuels (QI) traditionnels?

2. Selon Gardner, quelles sont les différentes formes d'intelligence?

3. Quelle forme d'intelligence est privilégiée chez les scientifiques, les architectes et les psychologues ?

4. Une personne qui apprend par le biais de l'expression corporelle possède quel genre d'intelligence?

5. Selon vous, un bon professeur devrait posséder quelles formes d'intelligence ? (nommez-en au moins trois).

6. Selon le texte, est-il possible de développer tout au long de sa vie de nouvelles formes d'intelligence ? Comment ?

7. Que devra faire un étudiant qui choisit une profession qui exige des aptitudes et des talents qu'il n'a pas naturellement? Pourra-il réussir et, si oui, à quel prix?

8. Mis à part nos forces et aptitudes innées, quel autre facteur doit-on considérer dans le choix d'une profession?

9. Comment le fait de connaître la théorie des intelligences multiples de Gardner peut-il faciliter nos choix professionnels ?

10. En tenant compte de ce que vous venez de lire, quelles formes d'intelligence, selon vous, faciliteront l'apprentissage d'une langue étrangère ? Pour chaque forme d'intelligence choisie, dites comment elle vous servira dans votre processus d'apprentissage du français ?

⊚ *3. Vocabulaire*

1. **À l'aide du contexte et de votre dictionnaire, expliquez en français le sens des mots ou groupes de mots en caractères gras retrouvés dans le texte, (choisissez deux mots ou expressions dans chacun des huit paragraphes).**

2. Pratique orale du vocabulaire

    ● Travaillez deux par deux. À tour de rôle, posez les questions à votre partenaire. Vous devez répondre en utilisant les mots ou expressions soulignés.

Étudiant A

a) À ton avis et en fonction de la théorie de Gardner, quelles sont les <u>formes d'intelligence</u> les plus développées chez toi ?

b) Au secondaire, as-tu déjà passé <u>des tests de QI</u> ?

c) Dans quelles <u>matières scolaires</u> es-tu le (ou la) plus fort (forte) et le (ou la) plus faible ?

d) Quelles formes d'intelligence pourrais-tu <u>améliorer</u> ?

e) As-tu des <u>aptitudes</u> à reconnaître les émotions, les forces et les faiblesses des autres ?

Étudiant B

a) Si on pense au concept d'intelligences multiples, selon toi, où se situent tes <u>forces</u> et tes <u>faiblesses</u> ?

b) Que penses-tu des <u>tests de quotient intellectuel</u> traditionnels ? Sont-ils complets et fiables ?

c) Actuellement, dans tes études, où se situent tes <u>forces</u> et tes <u>faiblesses</u> ?

d) Parmi les nombreuses grilles d'intelligence qui ont été élaborées, que penses-tu de la théorie des intelligences multiples de Gardner ? Est-elle vraiment plus simple à comprendre et à appliquer ?

e) Quels facteurs ont influencé ton choix de carrière ? En d'autres termes, à quoi as-tu pensé en choisissant tes cours, à tes goûts personnels ou à tes forces et aptitudes ?

3. **Complétez les phrases suivantes avec des mots ou expressions de la liste ci-dessous. Le chiffre renvoie au texte. Faites les transformations grammaticales nécessaires.**

Simultanément   Limite
Avantage (ce mot revient deux fois)   Domaine
Capacité   Négliger
Mémoire   En fonction de
Se situer

a) En termes de quotient intellectuel, il _____ au- dessus de la moyenne. (lignes 30, 31)

b) Cet élève ne progresse plus, il a atteint ses _____ . (ligne 19)

c) Son _____ de spécialisation est très exigeant. (ligne 52)

d) Sa _____ est phénoménale, il peut retenir le nom de tous ses étudiants en une semaine. (ligne 13)

e) L'_____ d'être bilingue c'est que l'on peut trouver un emploi plus facilement. (lignes 65, 86)

f) Cet étudiant est complètement inconscient, il _____ ses études et son travail. Il va se retrouver dans la rue seul et sans un sou. (ligne 80)

g) Lorsque l'on est fonctionnaire, on a beaucoup d'_____ sociaux. Les médicaments, les congés de maladie et les congés payés. (ligne 65)

h) Elle a la ＿＿＿＿＿＿ de travailler et d'étudier ＿＿＿＿＿＿ Quelle personne courageuse ! **(lignes 14 et 72)**

i) Le professeur vous a dit d'étudier ＿＿＿＿＿＿ critères énoncés dans son plan de cours. **(ligne 79)**

4. **Complétez les phrases suivantes avec des mots ou expressions qui se trouvent dans le texte en caractères gras. Le chiffre renvoie à la ligne correspondante. Faites les transformations grammaticales nécessaires.**

a) Nous possédons toutes les formes d'intelligence et, ce, à divers ＿＿＿＿＿＿. **(ligne 47)**

b) L'＿＿＿＿＿＿ continuelle entre le professeur et ses étudiants rend le cours très dynamique. **(ligne 71)**

c) Connaître ses forces et ses faiblesses permet à l'individu de faire un choix de carrière plus ＿＿＿＿＿＿. **(ligne 78)**

d) J'ai ＿＿＿＿＿＿ sa voix dès les premières paroles. **(ligne 11)**

e) Depuis quelques décennies, on parle beaucoup de l'impact que le ＿＿＿＿＿＿ des intelligences multiples peut avoir sur l'apprentissage. **(ligne 83)**

f) Les ＿＿＿＿＿＿ heureux n'ont pas d'histoire. **(ligne 29)**

g) Il ＿＿＿＿＿＿ d'étudier beaucoup pour réussir. S'il ne travaille pas, il échouera à tous ses cours. **(ligne 28)**

h) Quel bon ＿＿＿＿＿＿ ! Sans lui, la soirée serait complètement ratée. **(ligne 22)**

i) Elle a un très ＿＿＿＿＿＿, après une longue promenade dans cette grande ville inconnue, elle a facilement retrouvé son hôtel. **(ligne 33)**

j) Il est très grand, il ＿＿＿＿＿＿ presque deux mètres. **(ligne 2)**

🌀 *4. Expansion du vocabulaire*

1. **Complétez les débuts de phrase, à gauche, en les reliant à des mots de la colonne de droite.**

- Il fait appel
- Ils organisent
- L'édifice se situe
- Le professeur se questionne

à l'angle des rues Bronson et Bank.
sur la profondeur de ses propos.
à tous ses sens.
des soirées amusantes.

2. **Référez-vous au texte *L'intelligence sous toutes ses formes* et dites à quelles formes d'intelligence ce type de personne doit faire appel :**

- Je fais souvent référence à la nature et à l'environnement. J'ai l'intelligence du vétérinaire, de l'océanographe, de l'écologiste, de l'explorateur, du chef cuisinier, du météorologue et du trappeur : _____

- J'adore échanger avec mes pairs, apprendre en coopération et faire des simulations de groupe. Je suis un leader né et j'ai le sens de l'organisation. J'aimerais bien être sociologue, vendeur, infirmier, politicien ou professeur : _____

- J'ai une bonne mémoire, le sens de l'humour et j'aime parler, écrire et expliquer. Je suis un apprenant auditif car j'ai plus de facilité à retenir ce que j'ai entendu qu'à mémoriser ce que j'ai vu. J'aimerais être avocat, poète écrivain, bibliothécaire ou acteur : _____

- Selon moi, tout s'explique par la logique, j'aime les raisonnements scientifiques et je peux réaliser des calculs complexes. J'aimerais bien faire de la recherche en médecine, en informatique, en biologie ou en science pure. Je pourrais être ingénieur, enquêteur, juriste ou mathématicien : _____

- Le lien entre mon corps et mon esprit est très fort ; j'apprends bien en utilisant tous mes sens, je suis très habile de mes mains et lorsque je parle, je fais beaucoup de gestes. Je suis une personne très sportive. Je ferais un bon mécanicien, chirurgien, entraîneur, chorégraphe ou bijoutier : _____

Je préfère le travail individuel et solitaire au travail d'équipe ; je connais mes forces et mes faiblesses et je vais chercher de l'aide en cas de besoin. Je me dis que pour bien fonctionner avec les autres, il faut être conscient de ses émotions et savoir les contrôler. J'aimerais être écrivain, philosophe ou étudier les grandes religions : _____

J'ai la capacité de penser en rythmes et en mélodies, je suis sensible à la musicalité des mots et des phrases. Je pourrais être poète, musicien, chef d'orchestre, ingénieur du son et accordeur de piano : _____

J'ai souvent besoin d'un dessin ou d'un graphique pour comprendre. J'aime l'art sous toutes ses formes et je m'oriente facilement. J'ai le sens des couleurs, j'aime décorer et je me souviens plus facilement avec des images. Je me verrais architecte, paysagiste, peintre, sculpteur ou metteur en scène : _____

3. **Maintenant que vous connaissez la théorie des intelligences multiples, profitez de ce test pour évaluer quelles sont les formes d'intelligence qui sont le plus développées chez vous.**

À l'aide de l'échelle ci-dessous, donnez à chaque énoncé la note qui représente le mieux votre réponse et encerclez le chiffre. Faites ensuite le total de vos points pour chaque catégorie. Les quatre catégories qui totaliseront le plus de points sont vos quatre formes d'intelligence principales.

1. Pas du tout
2. Un peu
3. Moyennement
4. Beaucoup
5. Exactement

Intelligence verbale/ linguistique

J'aime les jeux de mots et autres blagues du genre.   1-2-3-4-5

Je me sens bien dans le monde de la langue et des
mots, j'en tire un renforcement positif.   1-2-3-4-5

J'aime faire des mots croisés et jouer à des jeux
comme le *Scrabble*.   1-2-3-4-5

- Je me souviens mot pour mot de ce que les gens me disent.   1-2-3-4-5
- J'aime participer à des débats ou à des discussions.   1-2-3-4-5
- Je préfère les questions à développement plutôt que celles à choix multiples.   1-2-3-4-5
- J'aime tenir un journal intime, écrire des histoires ou des articles.   1-2-3-4-5
- J'aime beaucoup lire.   1-2-3-4-5

Intelligence logique/mathématique

- Je travaille mieux lorsque j'ai un plan de travail organisé.   1-2-3-4-5
- J'aime les sciences et les mathématiques.   1-2-3-4-5
- Je fais toujours une liste des choses que j'ai à faire.   1-2-3-4-5
- J'aime jouer à des jeux de réflexion qui font appel à la pensée logique comme *Jeopardy* et *Clue*.   1-2-3-4-5
- J'aime savoir le pourquoi des choses et chercher des éclaircissements aux questions qui m'intéressent.   1-2-3-4-5
- Je travaille mieux avec un agenda ou un calendrier.   1-2-3-4-5
- Je saisis rapidement les relations de cause à effet.   1-2-3-4-5
- Mes estimations sont souvent justes.   1-2-3-4-5

Intelligence visuelle/spatiale

- Je comprends les combinaisons des couleurs et je vois lesquelles vont bien ensemble.   1-2-3-4-5
- J'aime faire des casse-tête (puzzles), des labyrinthes ou des jeux de patience.   1-2-3-4-5
- Je lis facilement les cartes géographiques.   1-2-3-4-5
- J'ai un bons sens de l'orientation.   1-2-3-4-5
- Dans un film, je m'intéresse surtout aux paysages et à l'action.   1-2-3-4-5
- Quand je dors, mes rêves me paraissent très réels.   1-2-3-4-5

● Je peux prévoir les mouvements et leurs conséquences
dans un plan de jeu (au hockey, aux échecs).   1-2-3-4-5

● J'ai une mémoire surtout visuelle.   1-2-3-4-5

Intelligence interpersonnelle

● Je travaille mieux lorsque j'interagis avec les autres.   1-2-3-4-5

● Je préfère les sports d'équipe aux sports individuels.   1-2-3-4-5

● La présence des autres me donne de l'énergie.   1-2-3-4-5

● Je préfère les activités en groupe plutôt qu'en solitaire. 1-2-3-4-5

● J'aime connaître les autres cultures.   1-2-3-4-5

● Je parle de mes problèmes personnels avec mes amis.   1-2-3-4-5

● J'aime partager mes idées et mes sentiments avec les autres. 1-2-3-4-5

● Je travaille mieux dans un groupe où je peux discuter
avec les autres personnes de diverses questions.   1-2-3-4-5

Intelligence intrapersonnelle

● J'aime être seul(e).   1-2-3-4-5

● J'ai quelques amis proches.   1-2-3-4-5

● J'ai des opinions bien arrêtées sur des questions controversées. 1-2-3-4-5

● Je travaille mieux lorsque je peux le faire à mon rythme. 1-2-3-4-5

● Je ne me laisse pas influencer facilement par les autres. 1-2-3-4-5

● Je comprends bien ce que je ressens et comment je réagis
aux événements.   1-2-3-4-5

● Je me questionne sur mes valeurs et mes croyances.   1-2-3-4-5

● Je sais que je suis responsable de ce que je fais.   1-2-3-4-5

Intelligence corporelle/kinesthésique

● J'aime bouger, taper du pied et remuer lorsque je suis assis(e). 1-2-3-4-5

● J'aime les sports à sensations extrêmes comme la planche
à neige, le vélo de montagne ou le kayak de mer.   1-2-3-4-5

● Je suis curieux (se) sur le plan des sensations et
j'aime toucher les objets pour en sentir la texture.   1-2-3-4-5

● J'ai une bonne coordination.   1-2-3-4-5

● J'aime le travail manuel (faire la cuisine,
de la menuiserie, du bricolage, etc.).   1-2-3-4-5

● Je préfère participer physiquement plutôt que de regarder.   1-2-3-4-5

● Je comprends mieux si j'interagis, si je bouge et manipule
les objets.   1-2-3-4-5

● J'aime créer, faire des choses avec mes mains.   1-2-3-4-5

Intelligence musicale

● Je chante et joue de la musique dans ma tête.   1-2-3-4-5

● Pour me rappeler les choses, je compose des comptines.   1-2-3-4-5

● Il m'est facile de suivre le rythme d'une musique.   1-2-3-4-5

● J'aime mettre en musique une chanson ou un poème.   1-2-3-4-5

● Lorsque j'entends de la musique, je bats la cadence.   1-2-3-4-5

● Je perçois les fausses notes.   1-2-3-4-5

● J'aime m'engager dans des activités musicales.   1-2-3-4-5

● Je suis fier(e) de mes réalisations musicales.   1-2-3-4-5

Intelligence naturaliste

● Je collectionne les cartes de hockey, les coquillages,
les pierres, les tasses, etc.   1-2-3-4-5

● Je remarque les similarités et les différences entre
les arbres, les fleurs et autres éléments dans la nature.   1-2-3-4-5

● Je contribue activement à la protection de l'environnement.   1-2-3-4-5

● J'aime faire des fouilles et découvrir des objets
et d'autres choses inhabituelles.   1-2-3-4-5

● Je préfère être dehors plutôt que dans la maison.   1-2-3-4-5

● J'aime planter des fleurs et m'occuper d'un jardin.   1-2-3-4-5

- J'aime pêcher et observer les animaux dans la forêt.   1-2-3-4-5

- La meilleure façon d'apprendre est d'aller en excursion,
  de voir des expositions sur la nature, etc.   1-2-3-4-5

La traduction et la reproduction de ce questionnaire sont autorisées par Phyllis Reardon et Isabell Dyke de Carreers Through Multiple Intelligences Inc.

5. Commentez

Discutez oralement ou faites une composition écrite à partir des sujets suivants :

a) Les formes d'intelligence diffèrent d'une culture à l'autre, expliquez en quoi :

b) Chacun de mes talents correspond à une forme d'intelligence distincte, voici quelques exemples :

c) Selon vous, quelles formes d'intelligence sont les plus importantes dans l'apprentissage d'une langue étrangère, pourquoi ?

d) Les professeurs doivent stimuler toutes les formes d'intelligence afin de faciliter l'apprentissage de chacun de leurs étudiants, voici comment :

e) Croyez-vous qu'il soit possible de mesurer l'intelligence de façon précise ?

f) Êtes-vous d'accord avec les psychologues qui croient que de réduire à un simple résultat chiffré un phénomène aussi vaste que la pensée humaine relève de la prétention absolue.

g) Que pensez-vous de cette idée : une personne avec un quotient intellectuel moyen mais qui est motivée a plus de chances de réussir dans la vie que quelqu'un de très intelligent, mais qui ne fait aucun effort ?

h) Le psychologue américain Arthur Jensen suggère la création d'une banque de sperme provenant seulement d'hommes ayant eu un Prix Nobel et destinée à *produire des petits génies*. Que pensez-vous de cette idée ? Justifiez vos commentaires.

i) Quelle forme d'intelligence demeure encore très valorisée au détriment des autres formes dans notre société occidentale ? Selon vous, quelles en sont les raisons ?

CHAPITRE 7

Apprendre : À Chacun son style

D'après Christian Bégin, psychologue, Université de Montréal

pprendre à lire, à écrire et à compter; apprendre les règles de grammaire, les opérations mathématiques sont les premières **tâches** scolaires auxquelles nous sommes confrontés. Mais notre **apprentissage** et nos **découvertes** n'ont pas commencé à notre arrivée à l'école. Elles ont débuté avec nos premiers **balbutiements** et, comme un peintre qui développe un style personnel à mesure qu'il **perfectionne**   5 son art, nous avons **peu à peu** développé notre propre style dans notre façon d'apprendre et dans notre contact avec le monde qui nous entoure. Ainsi, il n'existe pas de portrait type unique et parfait du bon **apprenant**; chacun a son **style**.

LES STYLES D'APPRENTISSAGE

Quand nous apprenons, c'est tout notre être qui **perçoit, enregistre, traite, analyse et retient** ce qui lui parvient. L'**ensemble** des méthodes que nous avons développées   10 pour apprendre constitue donc notre profil d'apprentissage. Il **influence** notre façon de travailler avec les autres, détermine notre **manière** de résoudre les problèmes et induit les attitudes et les comportements qui expliquent nos **préférences** pour un cours ou une méthode d'enseignement. Vous éprouvez une **difficulté** soudaine pour une **matière**? La cause n'est peut-être pas dans le **contenu** de la discipline, mais   15 plutôt dans les nouvelles contraintes imposées (travaux, examens, etc.) ou dans le **style** d'apprentissage du professeur qui **diffère** du vôtre et qui détermine l'encadrement et la pédagogie qu'il **favorise** dans son cours. Notre **facilité** à apprendre est donc dépendante de nombreux facteurs et il ne peut plus être question que de la seule notion d'intelligence. Voici quelques-uns de ces **facteurs**.   20

APPRENDRE AVEC QUI?

Au-delà du contenu, la **provenance** de l'information peut jouer un **rôle** très important dans l'apprentissage. Ainsi pouvons-nous accepter **facilement** des explications données par des **camarades** ou bien **au contraire**, avoir un **doute** sur la valeur de ce qu'ils peuvent **avancer** et toujours choisir de **se référer** aux explications du

25 professeur. Nos préférences pour un type d'encadrement constituent donc une des **caractéristiques** associées à notre style d'apprentissage. Cet aspect pourrait expliquer le fait de préférer un cours privé (en musique, par exemple) **plutôt que** de former un groupe d'**entraide** pour étudier la matière d'un cours. Dans un cas comme dans l'autre, il s'agit d'un **contexte** dans lequel l'apprentissage sera **meilleur** et, souvent,

30 plus **motivant**.

APPRENDRE AVEC QUOI?

En dehors du contexte dans lequel nous apprenons, il y a la façon de **décoder** l'information. Il s'agit de pouvoir donner un **sens** à ce que nous **percevons**. C'est d'ailleurs à ce niveau que se fait la **différenciation** entre **auditif** et **visuel**. Cette différenciation est cependant plus **complexe** que ce qui nous est **habituellement**

35 présenté. Saviez-vous que vous pouviez avoir développé une **approche** « auditive » pour tout ce qui concerne les mots et le vocabulaire et avoir plutôt une approche « visuelle» dès qu'il est question des mathématiques? **Certains** auront plus de facilité à comprendre quand ils entendent un texte ou un exposé alors qu'ils préféreront voir, par écrit, les chiffres ou les équations dans un cours de mathématiques. Nous sommes

40 donc, à des **degrés** divers, un peu plus visuel ou auditif selon l'information **transmise**.

    Il faut aussi **tenir compte** du fait que nous avons d'autres **sens** qui **permettent** de décoder l'information. **En effet**, il n'y a pas que les lettres et les chiffres qui nous entourent . . . bien que certains ne perçoivent peut-être plus rien d'autre à l'approche de la fin de **session**! Les **odeurs**, les **mouvements**, les **gestes**, les **bruits** sont autant

45 de sources d'information qui nous **renseignent** sur le **monde**. Certains préfèrent de beaucoup **toucher**, manipuler pour mieux **intégrer** les **données** transmises de façon théorique. C'est ainsi que plusieurs trouveront dans les laboratoires le lieu d'expression de leur **connaissance** réelle du domaine. Par ailleurs, d'autres seront perdus dans ces méandres de la manipulation et trouveront plutôt leur **satisfaction**

50 dans les **réflexions** théoriques. Nous possédons les deux **aspects**, mais c'est dans la **préférence** de l'un, de l'autre ou dans l'**utilisation** des deux que nous retrouvons notre **identité** personnelle **d'apprenant**.

APPRENDRE COMMENT ?

Pour apprendre, il ne s'agit pas seulement de décoder l'information. C'est une première **étape** de la compréhension mais il faut ensuite la traiter, l'intégrer à ce que

nous **savons** déjà. Nous **augmentons** alors notre savoir pour ensuite l'**utiliser**. 55
Encore là, nous **procédons** d'une façon différente selon que nous sommes « inductifs »
ou « déductifs ».

Si une personne est déductive, elle aime procéder par l'analyse de modèles ou
d'expériences passées pour en extraire les **concepts**, les données qui vont permettre
d'**accroître** son niveau de **certitude**. Les **étapes** bien définies et les données 60
structurées d'où peuvent être déduites des propriétés et des lois sont les
caractéristiques **essentielles** que recherche la personne déductive dans l'information
qu'elle reçoit. Elle ne **désire** pas savoir où elle peut aller, mais plutôt bien
comprendre d'où elle vient.

Si une personne est surtout inductive, c'est la découverte des nouvelles 65
possibilités qui l'**attire** le plus. Elle n'est pas intéressée à savoir comment les choses
fonctionnent mais à quoi elles peuvent servir. Elle préfère les cours ou les situations
qui demandent d'**élaborer** de nouveaux **points de vue** en laissant le plus de **liberté**
possible. Alors qu'elle essaiera de convaincre la personne déductive de la **richesse** et
de l'**originalité** de la nouvelle idée, celle-ci voudra surtout savoir si elle est basée sur 70
quelque chose de **solide** !

Un style qui change

Bien qu'il **existe** de nombreuses autres caractéristiques qui composent notre **profil**
d'apprentissage, il est toujours possible de le **modifier**! Il n'est pas question de
chirurgie esthétique mais plutôt de nous **entraîner à** développer certains aspects
qu'on a peu **favorisés** dans le passé. Notre style s'étant constitué au cours des années, 75
il n'est donc pas **figé**, ni immuable. Il pourra **varier** selon les nouvelles **expériences**
vécues et les **situations** auxquelles nous serons **confrontés**. Prêter attention à ce qui
le caractérise peut nous aider à identifier nos **forces** et nous permettre de les utiliser
dans les **circonstances** qui demandent un **rendement supérieur**. **Distinguer** les
matières, le genre d'examen ou les travaux pour lesquels nous avons le plus de 80
facilité; **reconnaître** les conditions où nous travaillons le mieux et regarder les gens
avec qui nous sommes; connaître notre fonctionnement intérieur pour savoir si nous
photographions ou si nous nous **répétons** mentalement les informations que nous
percevons sont autant de façons permettant de **prendre conscience de** notre propre
style d'apprentissage. C'est le premier pas vers une **meilleure maîtrise** de nos outils 85
et la possibilité d'en **acquérir** de nouveaux.

Revue Vies-À-Vies
Université de Montréal

⊚ *1. Mise en train*

Oralement, deux par deux ou en équipes de trois ou quatre, répondez aux questions suivantes :

a) Les apprenants actifs aiment expérimenter et être dans l'action tandis que les réflexifs privilégient la réflexion et le travail solitaire, et toi que préfères-tu ?

b) Est-ce que tu comprends mieux de nouvelles informations en les visualisant sous forme d'images (apprenant visuel) ou en les prenant en note et en te les répétant à haute voix (apprenant verbal) ?

c) En général, est-ce que tu te fais un plan de travail avant de résoudre des problèmes ou avant de commencer un travail de rédaction (composition, essai, etc.) ? (style sensoriel)

d) Lesquelles de ces qualités te décrivent le mieux ?

- dynamisme et recherche de la perfection (personnalité visuelle)
- force et goût de l'effort (personnalité auditive)
- plaisir et recherche du bien-être pour soi ou pour son entourage (personnalité kinesthésique)

e) Lorsque tu dois faire face à un problème pratique ou théorique, comment réagis-tu ? Choisis l'énoncé qui te ressemble :

- dans la salle de classe j'aime bien prendre des notes et visionner des vidéos (visuel)
- dans la salle de classe j'apprécie les discussions et j'aime écouter de la musique (auditif)
- dans la salle de classe, je préfère les activités dynamiques comme les jeux de rôle et les activités dans lesquelles on peut construire, manipuler et faire des expériences (kinesthésique)
- Je me souviens mieux de la matière lorsqu'il y a des explications et des discussions (auditif)
- Je retiens l'information plus facilement si elle est écrite au tableau (visuel)
- J'aime jouer avec des pièces de monnaie, des clés, des stylos ou autres objets lorsque j'étudie (kinestésique)

2. Compréhension du texte

Questions générales

1. Quel type de texte le titre semble-t-il annoncer ? Croyez-vous qu'il s'agit :

    a) d'un texte de fiction

    b) d'un écrit argumentatif

    c) d'un texte informatif

2. Trouvez un autre titre à cet article.

3. En combien de parties le texte est-il divisé et quels en sont les sous-titres ?

Questions de compréhension détaillées

1. Dès notre plus jeune âge, qu'apprenons-nous à l'école ?

2. Selon l'auteur, qu'est-ce qui commence dès nos premiers balbutiements ?

3. Dans l'introduction, l'auteur compare un peintre à un apprenant, dites pourquoi ?

4. Dans le 2ième paragraphe, on décrit les étapes du processus d'apprentissage, lesquelles ?

5. Comment concrètement notre style d'apprentissage peut-il influencer notre vie ?

6. Relevez dans les paragraphes trois, quatre et cinq les facteurs qui peuvent faciliter ou nuire à notre apprentissage :

7. Expliquez brièvement en vos propres mots ce que veut dire l'auteur quand il écrit : « Nos préférences pour un type d'encadrement constituent une des caractéristiques associées à notre style d'apprentissage. » (3ième paragraphe)

8. Quelle phrase du texte indique qu'un apprenant peut être auditif et visuel dépendamment de la matière à voir ou des problèmes à résoudre ? (4ième paragraphe)

9. Que veut dire l'auteur lorsqu'il écrit : ". . . bien que certains ne perçoivent rien d'autre à la fin de la session !" (5ième paragraphe)

10. Quelles sont les différences entre un apprenant inductif et un apprenant déductif ? (5ième paragraphe)

◎ *2.1 Vrai ou Faux ?*

Indiquez si d'après le texte de Christian Bégin l'énoncé est vrai (v) ou faux (f) dans l'espace qui vous est fourni.

1. Notre propre style d'apprentissage s'est constitué dès notre arrivée à l'école primaire. _____

2. L'idée principale du 2ième paragraphe peut se résumer ainsi : Nos stratégies personnelles permettant d'accéder à de nouvelles connaissances reflètent différents aspects de notre personnalité. _____

3. Préférer travailler seul(e) plutôt que dans un groupe révèle le type d'encadrement qui nous convient le mieux. _____

4. La différence entre apprenant auditif et visuel se situe dans la façon de rendre significatif l'apprentissage de nouvelles connaissances et de l'intégrer à ce que nous savons déjà. _____

5. Une même personne peut utiliser des styles d'apprentissage différents selon la matière enseignée. _____

6. Un apprenant qui préfère les réflexions théoriques plutôt que le travail en laboratoire et les manipulations concrètes décode l'information et acquiert des savoirs plus rapidement. _____

7. Observer, tenir compte des expériences passées, s'intéresser à l'origine et à la justesse des idées sont autant de comportements qui relèvent de l'induction. _____

8. Les bruits, les odeurs, les mouvements et les gestes sont des facteurs importants qui permettent d'accélérer le processus d'apprentissage. _____

9. À l'âge adulte, il est impossible de modifier notre façon personnelle d'apprendre qui s'est construite au fil des années. _____

10. Un bon professeur doit être en mesure de s'adapter aux divers styles d'apprentissage en variant ses méthodes d'enseignement. _____

3. Vocabulaire

1. À l'aide du contexte et de votre dictionnaire, expliquez en français le sens des mots ou groupes de mots en caractères gras retrouvés dans le texte (choisissez deux mots par paragraphe, il y a huit paragraphes).

2. Pratique orale : Réemploi du vocabulaire

   ● Travaillez deux par deux. À tour de rôle, posez les questions à votre partenaire. Vous devez répondre en utilisant les mots et expressions soulignés.

Étudiant A

a) À ton avis, quelles qualités sont essentielles pour réussir l'apprentissage d'une langue étrangère ?

b) Dans quelle(s) discipline(s) universitaire(s) éprouves-tu de la difficulté ?

c) Acceptes-tu facilement de changer d'idée si on te prouve que tu as tort ?

d) Quel genre d'apprenant es-tu, plus visuel ou davantage auditif ? Donne un exemple ou deux afin de justifier ta réponse :

e) Pour étudier la matière d'un cours, quel type d'encadrement préfères-tu ? Travailler seul(e) ou travailler en équipe ? Pourquoi ?

Étudiant B

a) Quel type de professeur est-ce que tu préfères ?

   ● Un professeur qui a le souci constant de faire participer le groupe, qui intervient très peu et se contente de répondre aux questions.
   ● Un professeur qui fait confiance aux étudiants, qu'on perçoit comme une personne- ressource, qui privilégie le travail en groupes et qui fournit des documents de qualité bien adaptés au niveau.
   ● Un professeur qui fait des exposés structurés, qui annonce ses objectifs clairement et qui privilégie l'enseignement magistral face au groupe.

b) Est-ce que tu fais beaucoup de <u>gestes</u> lorsque tu converses avec tes amis(es) ?

c) À la maison, quelles <u>tâches</u> domestiques te pèsent le plus, est-ce que tu les considères comme des <u>corvées</u> ?

d) As-tu parfois des idées <u>originales</u> ? Laquelle ou lesquelles as-tu eue(s) dernièrement ? (dans le texte, originalité, ligne 70)

e) Dans la vie en général, qu'est-ce-qui te procure le plus de <u>satisfaction</u> et de plaisir ?

3. **Complétez les phrases suivantes avec des mots ou expressions qui se trouvent en caractères gras. Le chiffre renvoie à la ligne appropriée dans le texte. Faites les transformations grammaticales nécessaires.**

a) En hiver, il faut _____ de la température, avant de planifier une sortie à l'extérieur. **(ligne 41)**

b) Ce problème est _____ , je vais faire une recherche avant d'y répondre. **(ligne 34)**

c) Mes _____ dans ce domaine sont très limitées. **(ligne 48)**

d) L'_____ de cet étudiant me surprend toujours. Il a des idées incroyables! **(ligne 70)**

e) Je ne pourrai jamais avoir cet emploi ; je n'ai aucune _____ dans le domaine de la restauration. **(ligne 76)**

f) En première année universitaire, nous sommes souvent confrontés à des _____ difficiles. **(ligne 77)**

g) J'ai visité plusieurs pays, c'est l'Italie qui a ma _____ ! **(ligne 51)**

h) Il nous reste plusieurs _____ à franchir avant d'arriver au sommet de cette montagne. **(ligne 60)**

i)   Tu peux _____ mon dictionnaire bilingue, je n'en ai plus besoin. **(ligne 55)**

j)   Elle se _____ en art dramatique en suivant des cours du soir à l'université. **(ligne 5)**

4.   **Complétez les phrases à l'aide d'un mot de la liste ci-dessous. Faites les transformations grammaticales nécessaires. Le chiffre renvoie à la ligne correspondate dans le texte.**

Découverte	Style
Percevoir	Favoriser
Camarade	Monde
Transmettre	Habituellement
Étape	Maîtriser

a)   Lorsque j'aurai terminé mes études, je rêve de faire le tour du _____ .
(ligne 45)

b)   Elle ne _____ pas du tout les règles grammaticales, elle devra reprendre son cours de français l'année prochaine. **(ligne 85)**

c)   Cet explorateur a fait des _____ qui ont changé la face du monde.
(ligne 3)

d)   Mon _____ de chambre travaille beaucoup. Il n'a aucune distraction.
(ligne 23)

e)   Ce professeur aime _____ son savoir. Ses étudiants l'apprécient énormément. **(ligne 40)**

f)   À chacun son _____ vestimentaire. Moi, je préfère le confort à l'élégance. **(ligne 8)**

g) Hier soir, les juges _____ ce candidat à cause de son excellente performance en patinage artistique. **(ligne 18)**

h) _____ , j'étudie de dix-huit heures à vingt heures tous les soirs de la semaine. **(ligne 34)**

i) Pour arriver à un résultat satisfaisant, il faut procéder _____ par étape. **(ligne 60)**

j) On _____ la réalité différemment les uns des autres dépendamment de notre style d'apprentissage. **(ligne 9)**

4. Expansion du vocabulaire

1. **Trouvez le verbe qui correspond aux noms suivants, puis conjuguez-le au temps présent du mode indicatif. Le chiffre renvoie à la ligne correspondante dans le texte.**

Balbutiement	balbutier	il	Il balbutie	ligne 4
Perception		elle		ligne 9
Perfection		vous		ligne 5
Avancement		on		ligne 24
Préférence		nous		ligne 13

2. **Trouvez des mots de même famille que les mots suivants extraits du texte. Aidez-vous d'un dictionnaire si nécessaire.**

Facilement	facile	faciliter	ligne 22
Apprenant			ligne 8
Photographier			ligne 83
Conscience			ligne 84
Liberté			ligne 68

3. **Associez le mot de la colonne A à sa définition dans la colonne B en traçant une ligne de A à B.**

A		B
Richesse		Profit
Point de vue		Transformer
Rendement		Différencier
Distinguer		Fortune
Modifier		Opinion

4. **Trouvez dans la colonne B les antonymes des termes de la colonne A. Mettez la lettre correspondant à votre choix dans l'espace qui vous est fourni.**

A

1. Difficulté _____

2. Motivant _____

3. Informer _____

4. Compréhension _____

5. Augmentation _____

B

a) Incompréhension

b) Diminution

c) Facilité

d) Décourageant

e) Taire

5. *Pour réussir à l'université, il vous sera bien plus utile de connaître votre style d'apprentissage que de vous donner un style vestimentaire. Répondez aux questions de ce test.*

Quel est ton style d'apprentissage ?

L'attention, la réflexion et la mémoire sont essentielles à tout apprentissage. Mais saviez-vous que tous les individus n'apprennent pas de la même manière ? Ainsi, une méthode de travail qui convient très bien à une personne peut ne pas convenir du tout à une autre. De là, l'importance de bien cerner votre propre façon d'apprendre. Répondez aux questions de ce test. On vous donnera ensuite une clé qui vous permettra d'interpréter vos réponses.

1. **Je choisis de préférence une activité parascolaire . . .**

    a) qui me permet de développer des habiletés précises.

    b) qui s'apparente à une activité que j'aime faire.

    c) qui me permet de créer des choses nouvelles.

2. **Pour faire un travail, je demande des conseils . . .**

   a) avant de le commencer.

   b) au fur et à mesure que je me pose des questions.

   c) seulement si c'est vraiment nécessaire.

3. **Quand une discussion de groupe s'écarte du sujet . . .**

   a) j'interviens pour qu'on revienne au sujet de la discussion.

   b) je laisse aller les choses si je connais le nouveau sujet.

   c) je laisse aller les choses si le nouveau sujet m'intéresse.

4. **Pour former une équipe de travail, je choisis des étudiants . . .**

   a) qui travaillent de façon méthodique.

   b) qui ont les mêmes méthodes de travail que moi.

   c) qui ont des méthodes de travail différentes des miennes.

5. **Lors d'un congé, j'aime . . .**

   a) mettre de l'ordre dans mes affaires.

   b) m'adonner à mes activités préférées.

   c) faire des choses qui sortent de l'ordinaire.

6. **Pour pratiquer un sport ou faire un travail . . .**

   a) je mets en pratique les conseils des experts.

   b) je procède à ma façon.

   c) j'imagine de nouvelles façons.

7. **Pendant les cours, je comprends mieux si le professeur . . .**

   a) procède étape par étape.

   b) fait des liens avec la matière que je connais.

   c) illustre la matière de plusieurs façons différentes.

8. **Je préfère les examen où . . .**

   a) on doit appliquer une démarche apprise en classe.

   b) on doit appliquer telle quelle la matière enseignée.

   c) on doit exprimer son opinion.

9. **Lorsque j'achète un article de loisir . . .**

   a) je me renseigne sur sa solidité et sa fiabilité.
   b) j'en choisis un qui ressemble à ceux que je possède déjà.
   c) je choisis l'article le plus original.

10. **Lors de jeux d'équipe . . .**

    a) je prends plaisir à apprendre chaque règle avant de jouer.
    b) je ne joue que si je connais les règles du jeu.
    c) j'apprends les règles en jouant.

11. **Quand je remets un travail à mon professeur je veux surtout que ma copie . . .**

    a) expose clairement toutes les connaissances que j'ai du sujet.
    b) ne contienne pas de fautes.
    c) soit bien présentée.

La Théorie

12. **Si une chose se brise (un jouet, un outil . . .), j'essaie de la réparer.**

    a) oui.
    b) non.

13. **Lorsque j'achète un article en pièces détachées, je suis capable de l'assembler sans aide.**

    a) oui.
    b) non.

14. **Dans des activités comme lancer un ballon, l'attraper, danser, faire des sauts . . .**

    a) je suis plutôt habile.
    b) je suis souvent gauche.

15. **Lors d'activités sportives, je m'applique à suivre les techniques enseignées pour réussir les mouvements le mieux possible.**

    a) oui.
    b) non.

La Pratique

16. **J'ai plus de facilité à imiter . . .**

    a) les voix.
    b) les gestes et les mimiques.

17. **Pour créer une ambiance particulière, ce qui compte le plus, c'est . . .**

    a) la musique.
    b) le décor.

18. **Pour m'informer, je préfère les émissions . . .**

    a) de radio.
    b) de télévision.

19. **Pour apprendre à utiliser un nouvel appareil . . .**

    a) je demande des explications à une personne qui connaît bien son fonctionnement.
    b) je lis attentivement la fiche technique qui l'accompagne.

20. **Après une émission intéressante . . .**

    a) j'en discute avec des personnes de mon entourage.
    b) je lis des articles ou des livres sur le sujet.

21. **Quand je me présente à un examen, je préfère recevoir les consignes . . .**

    a) oralement.
    b) par écrit.

22. **À l'université, je préfère présenter un travail de recherche . . .**

    a) oralement.
    b) par écrit.

23. **Je préfère calculer . . .**

    a) mentalement.
    b) par écrit.

Clé d'interprétation des réponses au test

Première partie LE TRAITEMENT DE L'INFORMATION

Majorité de a) : Tu es méthodique. Tu fonctionnes étape par étape, à partir de points de repère, de catégories et de définitions afin d'avoir une vue d'ensemble du travail. Tu as donc avantage à bien écouter les consignes, à noter les mots clés et à élaborer de bons plans de travail.

Majorité de b) : Pour apprendre, tu as tendance à établir des liens avec ce que tu connais déjà. Tu pars de ce que tu sais, sans plan défini, et tu t'appropries de plus en plus d'informations à partir de ton expérience. Fais donc en sorte de te rappeler le plus possible tes connaissances antérieures. Et garde toujours à l'esprit l'essentiel de la tâche pour ne pas trop disperser tes efforts.

Majorité de c) : Tu cherches des façons de procéder nouvelles et originales. Tu es sensible à la nouveauté, aux contrastes, aux effets surprenants. Lance-toi dans des activités qui te laissent une bonne marge de manœuvre, mais n'oublie surtout pas de suivre les consignes.

Deuxième partie : LA THÉORIE

Majorité de a) : Lors d'activités d'apprentissage, ton habileté s'accroît lorsque tu agis, lorsque tu manipules les objets. Tu as donc avantage à intégrer à ton étude des activités pratiques qui compléteront les cours théoriques.

Majorité de b) : Tu décodes les informations de façon plutôt théorique. Tu préfères lire ou écouter plutôt que de faire des manipulations. Très bien . . . mais tu devras bien sûr effectuer des manipulations de temps à autres.

Troisième partie : LA PRATIQUE

Majorité de a) : Tu as surtout développé des habiletés d'auditeur ou d'auditrice. Tu interprètes ton environnement par le biais de ce que tu entends et de ce que tu dis ou de ce que tu te répètes.

Majorité de b) : Tu as surtout développé des habiletés reliées à l'écriture. Tu retiendras mieux ce que tu auras d'abord lu ou écrit. Prends beaucoup de notes, relis-les régulièrement et visualise ce que tu as à retenir.

◎ *5. Commentez*

Discutez oralement ou faites une composition écrite à partir des sujets suivants.

a) Après avoir interprété les résultats de ce test, connais-tu mieux ton style d'apprentissage ? Décris quelles sont tes préférences en tant qu'apprenant. Justifie tes commentaires à l'aide d'exemples ou d'expériences que tu as vécues à l'école, à l'université, dans ta famille ou ailleurs.

b) Pour l'apprentissage du français, quelles sont tes tendances personnelles, ta façon de percevoir, de mémoriser, de penser, de résoudre une tâche et de réfléchir sur les régularités observées. Par exemple, lorsque tu dois lire un texte, est-ce que tu te concentres sur les points essentiels ou sur le texte dans son ensemble ? Explique de quelle façon tu abordes un texte en français, comment tu arrives à le comprendre, à apprendre et à retenir des mots nouveaux ? Justifie tes commentaires à l'aide d'exemples et de situations auxquelles tu es confronté(e) dans ton cours de français.

c) À l'université ta vie a changé. Tu as plusieurs professeurs et beaucoup plus d'autonomie. Tu es responsable de ton apprentissage et de la gestion de ton temps. Commente chaque conseil qui suit à l'aide de quelques phrases. Explique pourquoi et comment chaque conseil a son importance dans une situation d'apprentissage :

- Sois très attentif en classe :
- Pose des questions :
- Aide les autres :
- Organise tes notes de cours :
- Utilise un agenda :
- Étudie chaque jour :
- Fais-toi un horaire et respecte-le :
- Concentre-toi sur ce que tu fais :
- Étudie en tout temps :
- Prépare-toi bien aux examens :
- Fais des associations d'idées :
- Fais participer les personnes autour de toi à ton apprentissage :
- Ne remets pas tes obligations au lendemain :
- Ne te limite pas au minimum :

d) Les recherches dans le domaine de l'enseignement nous démontrent qu'un professeur a tendance à enseigner en se basant sur son propre style d'apprentissage. Or, si l'étudiant n'a pas le même style que son professeur, il y aura des difficultés à l'horizon. Comment selon toi, peut-on remédier à cette difficulté ? Qu'est-ce que le professeur devrait faire afin de satisfaire tous ses étudiants ? As-tu déjà vécu ce genre d'expérience ? Comment cela s'est-il terminé ? Illustre tes commentaires à l'aide d'exemples et d'expériences personnelles.

CHAPITRE 8

Pourquoi étudier?

D'après Claude Pratte, directeur du Service d'orientation et de consultation psychologique, avec la collaboration de Francine Audet, conseillère d'orientation, Université de Montréal

Lors du débat sur le thème *Pourquoi étudier?* marquant **le coup d'envoi** de la semaine de l'**orientation** et de l'**emploi, chacun** des participants invités a proposé une réponse et suggéré quelques raisons. En voici le **résumé**, il se divise en deux grandes catégories.

D'une part, on peut étudier pour des raisons **utilitaires**, c'est-à-dire afin 5 d'**améliorer*** ses chances d'obtenir un emploi bien **rémunéré**, qui correspond à ses aspirations et qui permet une **meilleure réalisation** de **soi. Peu importe** si la **formation** est plus **générale**, comme certaines **études** en **lettres** et en sciences humaines, ou **spécialisées**, les études en médecine, le **but** ultime demeure la préparation à l'exercice d'une **profession**. La formation générale **se distingue*** de la 10 formation spécialisée en ce qu'elle ne **mène** pas directement à une activité professionnelle précise; elle **a l'avantage, par contre**, d'exposer l'**étudiant** à des **connaissances** et à des **habiletés** qu'il pourra **approfondir par la suite**.

D'autre part, étudier peut **permettre** avant tout de **goûter** au **plaisir** de la connaissance pour la connaissance, comme une invitation à la **délectation** 15 **intellectuelle** pour elle-même, au plaisir de la **découverte** d'un fait historique, d'une relation entre deux phénomènes qui vient **enrichir*** notre **expérience** de la vie dans ce qu'elle a parfois de plus **banal**. De plus, comme l'un des participants le mentionnait, la connaissance nous **aide** à développer notre esprit **critique**, à nous **rendre** plus **conscient** et, par conséquent, à nous donner **davantage** de **contrôle** sur notre vie et 20 notre environnement.

Ces **propos** sont tous **valables** et reflètent avec **justesse** les **motifs** qui **incitent** des **milliers** d'étudiants à **entreprendre** ou à **poursuivre** des études universitaires.

Mais les raisons des autres ne sont pas **nécessairement les nôtres**. Et, il serait faux
25   de **croire** que les études universitaires sont un **passage obligé** pour **réussir** sa vie
professionnelle même quand on **possède** les aptitudes pour les entreprendre. **D'où**
la nécessité de **réfléchir*** à ce qui nous **motive** personnellement et de **préciser** nos
sources de satisfaction et nos **objectifs** de vie.

    Si on peut trouver du bon à la **crise actuelle** des finances publiques et à celle de
30   l'emploi, qui touchent toutes deux **gravement** les étudiants, c'est peut- être de nous
révéler avec plus de **clarté** l'aspect « **choix** » dans la **poursuite** ou l'**arrêt** d'études
universitaires. Plus l'État **se désengage**, plus l'**individu** doit porter les **responsabilités**
et les conséquences **liées** à son choix. Ce contexte **invite** à une **démarche** plus
approfondie sur les **enjeux** de notre **décision** et incite à un plus grand **engagement**.

35   L'étudiant actuel est **tiraillé** plus que jamais entre des forces et des **courants**
sociaux opposés. **D'un côté**, on l'invite à entrer avec **empressement** et **à tout prix**
dans le monde des **consommateurs** de **biens matériels**, souvent **aux dépens de** la
réalisation d'objectifs plus **satisfaisants à long terme**. Le principal danger lié à ce
courant est de **céder*** à la tentation de prendre un petit **boulot** (1) sans **avenir** mais
40   qui **apporte** malgré tout un confort matériel **immédiat**, plus grand que s'il persistait
dans ses études.

    Et de l'autre côté, on ne **jure** que par la **scolarisation** sans fin du plus grand
nombre possible et l'on **prône*** l'excellence pour **s'assurer** une première place dans
la **mondialisation** des marchés et pour **atteindre** le **bonheur**, d'ailleurs de plus en
45   plus **incertain**, de la **prospérité** économique rattachée à cette **vision**. Des **voix** de
plus en plus nombreuses à l'intérieur de ce même **courant commencent** à s'élever
contre cette implacable **loi** du marché présentée par ses **défenseurs** comme l'unique
solution pour améliorer* le **sort** de l'homme. Les **inégalités sociales** qu'elle
engendre* et ses effets **pervers** sur la **santé** physique et mentale de l'**humain**
50   commencent à être **soulignés** avec plus de force. Concrètement, ce courant peut
inciter* des étudiants à **persister** dans des études **ayant de moins en moins de**
sens pour eux et qui ne répondent pas à l'ensemble de leurs **besoins, tant** immédiats
que futurs.

    La **tenue** d'un tel débat a l'avantage de nous aider à **faire la part des choses** et à
55   réfléchir* sur les **valeurs** qui nous guident et aussi sur notre façon de **prendre des**
décisions et de concevoir* notre avenir. Voici des exemples de questions qui peuvent
surgir : « Ai-je une vision strictement utilitaire de mes études ou est-ce que j'aime
tellement mon **domaine** que j'en **oublie** de regarder où de **telles** études me
conduisent ? Lorsque je **prends** une décision qui concerne mon avenir, est-ce que je

---

(1) boulot, terme familier qui signifie emploi.

m'**arrête** pour **examiner** la situation sous tous ses aspects ou bien **ai-je tendance à*** me **limiter** à certaines dimensions m'amenant à **faire des choix** qui deviennent vite insatisfaisants. Suis-je capable d'une vision à plus **long terme**, puis-je m'imposer certains sacrifices en vue d'une satisfaction ultérieure plus grande ou bien suis-je porté à tout vouloir* **tout de suite**? N'y a-t-il pas **moyen** d'accepter des **niveaux** de satisfactions **intermédiaires** qui peuvent m'aider à persévérer?

Peu importe les réponses que nous **apportons** à ces questions, une seule chose **compte** : que notre action ait un sens pour nous car plus nos raisons seront claires et notre projet bien **défini**, plus nous **éprouverons*** de la satisfaction à accomplir ce que l'on fait et plus nous trouverons l'énergie qui nous fera **traverser*** les inévitables difficultés de **parcours**.

Revue Vies-À-Vies
Université de Montréal

Aide-Lecture

● Lorsqu'il s'agit d'un texte informatif avant de le lire, activez vos connaissances antérieures (qu'est-ce que je connais à ce sujet ?) et anticipez le contenu de la lecture (qu'est-ce que je vais apprendre ?).

● Repérez les parties du texte (titre, sous-titres, paragraphes). Cela aide à anticiper les arguments présentés et en facilite la compréhension étape par étape.

● Notez le sens des verbes ou groupes verbaux suivants signalés d'un astérisque dans le texte.

améliorer = to improve : paragraphe 2	prôner = to laud : (7)
se distinguer de = to differ from : (2)	engendrer = to generate (7)
enrichir = to enrich : (3)	concevoir = to imagine (8)
inciter = to encourage : (4)	avoir tendance à = to be inclined to (8)
réussir = to succeed : (4)	vouloir = to want : (8)
réfléchir = to think about : (4)	éprouver = to feel: (9)
céder = to give in: (6)	traverser = to go through (9)

1. Mise en train

Oralement, deux par deux ou en équipes de trois ou quatre, répondez aux questions suivantes :

a) À quel moment de ta vie, est-ce que tu as décidé d'étudier à l'université? Y- a-t-il eu un ou des événements déclencheurs?

b) Pour quelles raisons veux-tu faire des études universitaires?

c) Est-ce qu'un membre de ta famille a fait des études universitaires? Dans quel domaine? Pour l'obtention de quel (s) diplôme (s)?

d) Qu'est-ce que tu étudies cette année? En quelle année es-tu?

e) À l'école secondaire, dans quelle matière étais-tu très bon (ne)? Quelles matières trouvais-tu très difficiles?

f) Selon toi, est-il possible de trouver un emploi bien rémunéré et intéressant sans un diplôme universitaire?

g) C'est devenu un lieu commun de croire que les études postsecondaires ne mènent plus à grand-chose dans la vie. Qu'en penses-tu?

h) Les études collégiales et universitaires sont-elles adaptées aux nouvelles réalités sociales et préparent-elles bien les étudiants au monde de demain? Si oui, comment? Si non, pourquoi?

2. Compréhension du texte

Questions générales

1. Qui sont les auteurs de ce texte? Quel poste occupent-ils à l'université?

2. Quel autre titre donneriez-vous à cet article?

3. De quel genre de texte s'agit-il?

- d'un résumé objectif

- d'un résumé critique

Questions de compréhension détaillées

1. À quel moment a eu lieu le débat en éducation sur le thème "*Pourquoi étudier?*" ?

2. Le débat oppose deux points de vue, lesquels?

3. Expliquez en vos propres mots les deux objectifs suivants :

- Étudier pour des raisons utilitaires.

- Étudier pour le plaisir de la connaissance.

4. En vous référant au deuxième paragraphe, dites quelle est la différence entre une formation générale et une formation spécialisée.

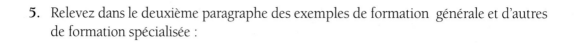

5. Relevez dans le deuxième paragraphe des exemples de formation générale et d'autres de formation spécialisée :

6. Selon les auteurs, quel est l'avantage d'une formation générale?

7. Comment la connaissance peut-elle nous donner plus de contrôle sur notre vie et notre environnement? (3ième paragraphe)

8. Quelle phrase du texte semble approuver les arguments avancés pendant le débat et énonce clairement les raisons pour lesquelles les étudiants choisissent de faire des études universitaires? (4ième paragraphe)

9. Pourquoi selon les auteurs est-il si important de réfléchir avant d'entreprendre des études universitaires? (4ième paragraphe)

10. Entre quels courants opposés l'étudiant actuel est-il tiraillé?

11. Les auteurs concluent par une série d'interrogations destinées aux étudiants : quelles sont-elles.? Citez-en au moins cinq.

2.1 Vrai ou Faux ?

Indiquez si d'après le texte l'énoncé est vrai (V) ou faux (F).

1. Persister dans ses études est l'unique moyen de réussir sa vie professionnelle.

    _____

2. Se délecter intellectuellement signifie apprendre par plaisir. _____

3. La vie n'est jamais banale. _____

4. La crise financière peut aider les étudiants. _____

5. La mondialisation des marchés assure toujours la prospérité économique.

    _____

3. Vocabulaire

1. À l'aide du contexte et de votre dictionnaire, expliquez en français le sens des mots ou groupes de mots inscrits en caractères gras dans le texte (choisissez un mot dans chacun des dix paragraphes).

2. **Pratique orale : Réemploi du vocabulaire**

● Travaillez deux par deux. À tour de rôle, posez les questions à votre partenaire. Vous devez répondre en utilisant les mots ou expressions soulignés. Faites des transformations grammaticales si nécessaire.

Étudiant A

a) Qu'est-ce que tu étudies à l'université? Est-ce que tu poursuis une <u>formation</u> générale ou spécialisée?

b) Quel genre de travail aimerais-tu faire à la fin de tes études? Quel genre de <u>domaine</u> t'intéresse?

c) As-tu déjà <u>participé</u> à un débat? Si oui, où était-ce et quand a-t-il eu lieu?

d) Est-ce que la <u>crise financière</u> actuelle affecte ton train de vie (life style)?

e) Es-tu un (e) grand (e) <u>consommateur</u> (trice) de biens matériels?

Étudiant B

a) Est-ce que tu fais des <u>études universitaires</u> dans un but utilitaire ou pour le simple plaisir de la <u>connaissance pour la connaissance</u>?

b) Selon toi, l'université est-elle un <u>passage obligé</u> pour réussir sa vie professionnelle?

c) Quelles <u>valeurs</u> morales te guident dans la vie en général?

d) Qu'est-ce que le <u>bonheur</u> pour toi? Comment le définirais-tu en une phrase ou deux.

e) Est-ce que tu <u>as tendance à</u> remettre à demain ce que tu peux faire aujourd'hui?

3. **Complétez les phrases suivantes avec des mots ou des expressions qui se trouvent en caractères gras dans le texte. Le chiffre renvoie à la ligne correspondante dans le texte. Faites les transformations grammaticales nécessaires.**

a) Je suis toujours perdu (e), je n'arrive pas à m' _____ dans une ville inconnue. (ligne 2)

b) Le professeur _____ la matière au programme en y ajoutant des documents pertinents. (ligne 13)

c) D'une part, il travaille pour économiser un peu d'argent. _____, travailler l'empêche de réussir ses études. (ligne 14)

d) Qu'est-ce qui _____ des milliers de personnes à poursuivre des études postsecondaires? (ligne 34)

e) Sa _____ financière lui permet de voyager partout dans le monde. (ligne 25)

f) Lorsque tu fais un travail, _____ toujours tes sources. (ligne 27)

g) Elle a été _____ malade. Tous ses amis étaient très inquiets. (ligne 30)

h) Plus les parents _____, plus l'étudiant doit se trouver un petit boulot. (ligne 34)

i) La _____ de tels propos me semble tout à fait déplacée. (ligne 54)

k) La seule chose qui _____ pour moi, c'est de réussir cet examen à tout prix. (ligne 67)

4. **Complétez les phrases à l'aide d'un mot ou d'une expression de la liste ci-dessous. Faites les transformations grammaticales nécessaires. Le chiffre renvoie à la ligne appropriée dans le texte.**

Connaissance
Objectif
Banal
Justesse
Faire la part des choses

Expérience
Conscience
Se distinguer
Scolarisation
Pervers

a) Tout ce qu'elle dit est tellement _____ que je tombe de sommeil et d'ennui chaque fois qu'elle ouvre la bouche. **(18)**

b) Les psychiatres ne viennent pas toujours à bout des pires _____ qui restent un danger pour la société. **(49)**

c) La _____ de ses propos m'impressionne beaucoup. **(22)**

d) Ses _____ à long terme seront difficiles à atteindre. **(28)**

e) Tu ne _____, rien n'est jamais ou tout blanc ou tout noir, il faut savoir nuancer. **(54)**

f) Je ne crois pas à la _____ sans fin. Il est possible de s'accomplir ailleurs que dans les études. **(42)**

g) Ces individus n'ont aucune _____ morale. Ils ne pensent qu'à l'argent et se moquent des inégalités sociales. **(20)**

h) Son accident de voiture a été pour lui une _____ traumatisante. **(17)**

i) Elle _____ des autres participants par son sens de l'humour et sa vivacité d'esprit. **(10)**

j) Ses _____ dans le domaine de la littérature sont très limitées. **(14)**

5. **À l'aide du contexte et de votre dictionnaire, expliquez en français le sens des expressions en italique dans les phrases suivantes. Le chiffre renvoie à la ligne où se trouve l'expression dans le texte.**

   a) *Peu importe,* si la formation est plus générale . . . (7)

   b) *D'où* la nécessité de réfléchir à ce qui nous motive . . . . (26)

   c) Leur entrée dans le monde des consommateurs se fait *aux dépens* de la réalisation de projets plus satisfaisants à long terme. (37)

   d) Des étudiants persistent dans des études *ayant de moins en moins de* sens pour eux. (51)

   e) Suis-je porté à tout vouloir *tout de suite?* (64)

6. **Faites des phrases d'au moins dix mots illustrant bien le sens et les règles d'emploi des termes suivants. Faites tout changement grammatical nécessaire.**

   a) coup d'envoi (ligne 1)

   _____

   b) chacun(e) (ligne 2)

   _____

   c) d'une part, d'autre part (lignes 5 et 14)

   _____

   d) meilleur(e) (ligne 7)

   _____

   e) but (ligne 9)

   _____

f) par contre **(ligne 12)**

_____

g) par la suite **(ligne 13)**

_____

h) intellectuel(le) **(ligne 16)**

_____

i) davantage **(ligne 20)**

_____

j) tellement **(ligne 58)**

_____

7. **Choisissez parmi les mots suivants celui qui correspond à la définition donnée. Le chiffre renvoie à la ligne où se trouve le mot dans le texte.**

Banal(e)(18)   Poursuite (31)
Goûter (14)   Force (35)
Propos (22)   Passage (25)
Réfléchir (27)   Obliger (25)
Défenseur (47)   Définir (68)

a) _____ : Effort pour atteindre un but qui semble inaccessible.

b) _____ : Indiquer ou expliquer avec précision ce qu'est quelque chose ou quelqu'un.

c) _____ : Très ordinaire et sans originalité.

d) _____ : Personne qui se donne pour mission de soutenir une cause.

e) _____ : Profiter de l'avantage ou du plaisir procuré par quelque chose. Éprouver avec plaisir une sensation. Savourer.

f) _____ : Capacité physique ou morale de résister à l'adversité.

g) _____ : Endroit par où il est inévitable de passer.

h) _____ : Paroles dites au sujet de quelque chose ou quelqu'un.

i) _____ : Mettre dans une situation où la seule possibilité est de faire quelque chose.

j) _____ : Utiliser sa faculté de penser ou de décider.

4. Expansion du vocabulaire

1. **Trouvez des mots de même famille que les mots suivants extraits du texte. Aidez-vous d'un dictionnaire si nécessaire.**

Ex : Orientation	orienter	orienteur	Ligne 2
Expérience			Ligne 17
Incertain			Ligne 45
Connaissance			Ligne 13
Empressement			Ligne 36

2. **Trouvez un ou des synonymes aux mots/expressions suivants. Aidez-vous d'un dictionnaire si nécessaire.**

Ex : Orienter	Guider, diriger
Avoir de l'expérience	
Incertain	
Connaissance	
Empressement	

3. **Trouvez un ou des antonymes aux mots/expressions suivants. Aidez-vous d'un dictionnaire si nécessaire.**

Ex : Spécialisé(e)	Générale(e)
Avoir de l'expérience	
Incertain	
Connaissance	
Empressement	

4. **Formez des phrases en associant chaque segment de gauche au segment approprié de la colonne de droite.**

- La formation spécialisée mène
- Le bonheur c'est
- Je vais poursuivre mes études
- En français, elle est
- La conscience développe

dans une autre université.

notre esprit critique.

à une profession.

un état de plénitude.

de niveau intermédiaire.

5. **Lisez les phrases suivantes et inscrivez la forme correcte du verbe *faire* au temps/mode qui convient.**

a) Il _____ ce qu'il peut.

b) Hier soir, elle _____ son travail en une heure.

c) Son laisser- _____ me surprend toujours.

d) Laisse-les _____ ce qu'ils veulent.

e) Il faut _____ des recherches avant de commencer une dissertation.

6. **Associez un ou des compléments appropriés au verbe suivant.**

   Exemples :   *Permettre (quelque chose)* : *permettre une meilleure* compréhension.

   Permettre (de faire quelque chose) : *permettre de mieux comprendre.*

   a) réussir : _____ réussir à : _____

   b) goûter : _____ goûter à : _____

   c) entreprendre : _____

   d) éprouver : _____

   e) s'améliorer : _____

7. **À l'aide du contexte et de votre dictionnaire, complétez les phrases à l'aide d'un mot de la liste ci-dessous. Le même mot peut revenir plusieurs fois et prendre des significations différentes d'une phrase à l'autre. Faites les transformations grammaticales nécessaires. Le chiffre indique combien de fois le mot revient dans une des phrases suivantes.**

Tant (4)	Tel(le) (3)
Soi (2)	Lier (2)
Rendre (2)	Parcours (2)
Prendre (2)	Souligner (2)
Faire (5)	Sort (2)

   a) L'image que l'on donne de _____ est souvent différente de ce que l'on est vraiment.

   b) L'amitié qui les _____ est très forte!

   c) Il « _____ la gueule » chaque fois qu'on lui demande de travailler (expression argotique utilisée en langue parlée).

   d) Que _____ -tu dans la vie?

   e) L'estime de _____ en prend un coup à chaque échec.

f) _____ père tel fils! _____ mère telle fille!

g) Il _____ la mauvaise route.

h) _____ vite s'il vous plaît.

i) Elle a _____ le point dans sa vie.

j) Un _____ comportement est inacceptable.

k) Ce roman l'a _____ célèbre.

l) Ce film _____ bien l'atmosphère de l'époque.

m) Je _____ beaucoup de notes pendant le cours.

n) _____ d'un trait tous les verbes au temps présent.

o) Les caractères gras _____ l'importance des mots.

p) Son échec à l'examen est un accident de _____.

q) L'autobus suit son _____ sans arrêt jusqu'à Montréal.

r) Êtes-vous satisfaite de votre _____?

s) Le jury a délibéré, l'accusé est fixé sur le _____ qui l'attend.

t) Dès que je suis arrivée chez lui, il m'a fait _____ le tour du jardin.

u) Il a très bien réussi. _____ mieux! Je suis contente pour lui.

v) J'ai raté deux de mes cours. _____ pis! C'est de ma faute, j'aurais dû travailler davantage.

  w) Les billets coûtent _____ par personne.

  x) Il s'est fixé des buts _____ immédiats que lointains difficiles à atteindre.

  y) Ils avaient les pieds et les poings _____. Ils ne pouvaient plus bouger.

5. Commentez

Discutez oralement ou faites une composition écrite à partir des sujets suivants.

a) Répondez à la question suivante : Pourquoi étudier quand il y a tant à faire?

b) Croyez-vous que les études postsecondaires préparent bien les étudiants à affronter les changements technologiques et la globalisation des marchés?

c) Selon Jacques Dufresne, philosophe et fondateur de la revue L'Agora, les études doivent privilégier la connaissance pour la connaissance et fournir obligatoirement une formation générale. Selon lui, la formation générale, faite de la connaissance des langues, de l'histoire, de la philosophie et des arts, est celle qui prépare le mieux au monde de demain parce qu'elle est la formation la plus souple et qu'elle permet d'acquérir les autres formations. Qu'en pensez-vous? Les cours de philosophie et d'histoire devraient-ils être obligatoires pour tout le monde?

d) Commentez cette phrase qui dit que la connaissance est le meilleur ami des pauvres, qu'elle se suffit à elle-même et qu'elle constitue le seul plaisir qui subsiste après la perte de la santé.

e) Pour laquelle ou lesquelles de ces raisons étudiez-vous : enrichir votre culture personnelle, être plus heureux ou trouver un bon emploi. Justifiez vos commentaires à l'aide d'exemples et d'anecdotes.

f) Acquérir de nouvelles connaissances exige souvent de renoncer aux satisfactions immédiates. Afin de réussir vos études, quels sacrifices devez-vous faire ou êtes-vous prêt à faire? Justifiez vos commentaires à l'aide d'exemples et d'anecdotes.

g) Est-ce que la crise financière actuelle vous affecte personnellement en tant qu'étudiant? Dites de quelle façon et justifiez vos commentaires à l'aide d'exemples et d'anecdotes.

h) Selon vous, peut-on vivre heureux et demeurer ignorant? Expliquez comment cette situation est possible ou impossible en fournissant des exemples tirés de vos propres expériences de vie.

Sources

1. Lyne Deslauriers et Nicole Gagnon, adaptation du questionnaire sur les styles d'apprentissage, pages 85 à 87, repris dans *Capsule 6,* manuel de lecture A, Montréal, Modulo éditeur, 1997, 156p.

2. Marie-Andrée Linteau, « *Les défis de la première année : L'adaptation à la vie universitaire* », revue Vies-à-Vies, Université de Montréal, septembre 1996, pages 1 et 2.

3. Claude Pratte, "*Emploi rémunéré et études universitaires*", revue Vies-à-Vies, Université de Montréal, septembre 2000, page 3.

4. Stéphanie Zimmer, "*Grand 6½ à partager : Choisir de vivre en colocation*", revue Vies-à-Vies, Université de Montréal, septembre 2004, page 3.

5. Marie-Andrée Linteau, "*L'anxiété face aux examens*", revue Vies-à-Vies, Université de Montréal, avril 2001, pages 1 et 2.

6. Marie-Andrée Linteau, "*La procrastination ou la folie de la dernière minute*", revue Vies-à-Vies, Université de Montréal, septembre 1998, pages 1, 2 et 3.

7. Silvia Revoredo, "*L'intelligence sous toutes ses formes*", revue Vies-à-Vies, Université de Montréal, novembre 2004, page 1.

8. Christian Bégin, "*Apprendre : À chacun son style*", revue Vies-à-Vies, Université de Montréal, mars 1990, pages 1, 2 et 4.

9. Claude Pratte, "*Pourquoi étudier?*", revue Vies-à-Vies, Université de Montréal, février 1997, pages 3 et 4.

Les défis de la première année :
L'adaptation à la vie universitaire

✺ 2. Compréhension du texte

Questions générales

1. Qui est l'auteure de cet article ? Quelle est sa profession et quel est son lieu de travail ?

● *Marie-Andrée Linteau, psychologue à l'Université de Montréal*

2. À qui s'adresse l'auteure et quel est le but de cet article? Dans quelle partie du texte est-ce mentionné ?

● *L'auteure donne un aperçu de ce qui se passe dans la vie du jeune adulte sur le plan affectif et en souligne les aspects les plus importants.*

● *Cela est mentionné dans l'introduction, au 2ième paragraphe.*

3. Quels sont les quatre thèmes développés dans le texte ?

● *Les relations avec la famille, les amis et les amours, la profession ou le choix de carrière et les capacités d'adaptation mises à l'épreuve.*

Questions de compréhension détaillées

1. Citez les trois dimensions qui, selon l'auteure, forment l'identité personnelle ?

● *Les relations avec la famille, les liens avec les amis et le choix professionnel sont les 3 principaux facteurs qui façonnent l'identité personnelle.*

2. Généralement vers quel moment de la vie débute la séparation d'avec la famille?

● *Vers la fin du secondaire.*

3. L'adolescent est en proie à des tiraillements. Donnez-en un exemple.

● *Il y a souvent un tiraillement entre l'envie d'être indépendant et la nostalgie d'une sécurité familiale.*

4. En première année, quelles difficultés les étudiants peuvent-ils avoir à affronter ?

● *Les problèmes financiers, les conditions de logement, la déception face aux cours ou au programme choisi, la cohabitation, la séparation d'avec la famille et les amis d'enfance.*

5. Pourquoi les relations amicales ou amoureuses d'avant la rentrée à l'université sont-elles souvent remises en question ?

● *Les amis sont dispersés dans des disciplines différentes ou dans plusieurs universités.*

6. Dans le cas de pertes dans les relations amicales ou amoureuses, quelles sont les deux réactions que l'auteure recommande d'éviter ? Pourquoi ?

● *Il ne faut pas s'isoler ni se lancer à corps perdu dans les études. Cela peut occasionner une augmentation du stress et une baisse de motivation.*

7. De façon générale, dans quel but fait-on des études universitaires ?

● *Pour se donner une formation qui corresponde à ses intérêts en vue d'une profession dont on espère pouvoir vivre un jour.*

8. Quelles peuvent être les grandes déceptions de la réalité universitaire ?

● *Le programme n'est pas à la hauteur de ce qu'on attendait; les cours sont moins spécialisés qu'on l'aurait souhaité; on trouve les classes anonymes ou l'encadrement moins serré qu'au secondaire. La réalité ne correspond pas aux attentes.*

9. Quelles sont, selon l'auteure, les deux façons typiques de se comporter lorsque l'anxiété devient trop forte ?

● *Certaines personnes vivent une sorte de paralysie ou de recul face à l'effort demandé pour se réfugier dans le connu ou dans le passé. D'autres se jettent à corps perdu dans l'action afin d'éviter l'angoisse.*

10. Selon l'auteure, à quoi nous servent, dans la vie, les périodes de remise en question, de découragement et de doutes ?

● *Elles font partie de périodes déstabilisantes qui nous permettent d'être à l'écoute de nos réactions (introspection), de découvrir nos limites et surtout, d'utiliser cette information pour mieux nous comprendre.*

3. Vocabulaire

1. À l'aide du contexte et de votre dictionnaire, expliquez en français (avec des définitions, des synonymes ou des exemples) le sens des mots ou groupes de mots en caractères gras retrouvés dans le texte.

2. Pratique orale du vocabulaire.

    *Travaillez 2 par 2. Trouvez dans le texte un **synonyme** des mots ou expressions soulignés. Le chiffre renvoie à la ligne appropriée de votre texte.*

    Étudiant 1-

    a) Penses-tu t'habituer facilement à la vie universitaire ? (ligne 78)   *(s'intégrer)*

    b) Selon toi, en première année, quelles sont les difficultés qu'il te faudra surmonter ? (le titre)   *(les défis)*

    c) Est-ce que tes parents t'aident financièrement ou est-ce que tu t'arranges seul(e) ? (ligne 27)   *(se débrouiller)*

    d) Vas-tu demander de l'aide financière au gouvernement ? (ligne 28)   *(des prêts et bourses)*

    e) As-tu des points communs avec certaines personnes dans la classe de français ? (ligne 42)   *(des affinités)*

    Étudiant 2-

    a) Ici, à l'université, connais-tu quelqu'un à qui tu peux te confier ? (ligne 47)   *(un confident)*

    b) La vie universitaire provoque-t-elle de l'anxiété chez toi ? (ligne 1)   *(susciter)*

    c) Quels sont tes espoirs face à la vie universitaire ? (ligne 2)   *(tes attentes)*

d) Quelle <u>matière</u> as-tu choisie ? **(ligne 34)**   *(discipline)*

e) As-tu déjà pensé à <u>abandonner</u> l'université ? **(ligne 87)**   *(laisser tomber)*

3. **Complétez les phrases suivantes avec des mots ou expressions qui se trouvent dans le texte en caractères gras. Le chiffre renvoie à la ligne appropriée. Faites les transformations grammaticales nécessaires.**

   a) Les étudiants *craignent* souvent la sévérité des professeurs. **(ligne 3)**

   b) Les gouvernements donnent des prêts mais réduisent les *bourses*. **(ligne 28)**

   c) Le passage de l'enfance à la vie adulte est difficile à faire mais *inévitable*. **(ligne 30)**

   d) Le manque d'argent *affecte* un grand nombre d'étudiants. **(ligne 17)**

   e) À un moment de notre vie, une *remise en question* s'impose. **(ligne 41)**

   f) À la fin du trimestre, on *se sent* parfois épuisé(e). **(ligne 64)**

   g) Certaines situations sont *déstabilisantes*. **(ligne 92)**

   h) As-tu *tendance* à tout remettre au lendemain ? **(ligne 35)**

   i) Plusieurs étudiants veulent réussir *à tout prix*. **(ligne 36)**

   j) L' *éloignement* de sa famille est toujours difficile à vivre. **(ligne 43)**

4. Expansion du vocabulaire

1. Repérez dans le texte les noms suivants et indiquez leur genre (F ou M).

Noms	F/M	Noms	F/M	Noms	F/M
attente	F	éloignement	M	baisse	F
pensée	F	isolement	M	augmentation	F
espoir	M	découragement	M	adaptation	F
aperçu	M	encadrement	M	intégration	F
perte	F	épuisement	M	hésitation	F
rencontre	F	soutien	M	réaction	F
prêt	M	limite	F	faiblesse	F

2. Trouvez les verbes correspondant à chacun des noms de la liste précédente. Aidez-vous d'un dictionnaire si nécessaire.

Noms	Verbes	Noms	Verbes	Noms	Verbes
attente	attendre	éloignement	Éloigner ou s'éloigner	baisse	Baisser ou s'abaisser
pensée	penser	isolement	Isoler ou s'isoler	augmentation	augmenter
espoir	espérer	découragement	Décourager ou se décourager	adaptation	Adapter ou s'adapter
aperçu	apercevoir	encadrement	encadrer	intégration	Intégrer ou s'intégrer
perte	perdre	épuisement	Épuiser ou s'épuiser	hésitation	hésiter
rencontre	rencontrer	soutien	soutenir	réaction	réagir
prêt	prêter	limite	Limiter ou se limiter	faiblesse	Faiblir ou s'affaiblir

3.   Trouvez dans le texte l'équivalent français des verbes suivants.

To make a decision	Prendre une décision
To dare	Oser
To manage	Se débrouiller
To feel uneasy	Être stressé(e)

4.   Trouvez des mots (au moins deux) de même famille que les mots suivants extraits du texte. Aidez-vous d'un dictionnaire si nécessaire.

ami	aimer	amitié
s'isoler	isolement	seul
baisse	baisser ou s'abaisser	bas
coûteux	coûter	coût
s'intéresser	intérêt	intéressant(e)
craindre	crainte	craintif-ve
digéré	digestion	digestif
valeur	valoir-valoriser	valeureux (se)

Emploi rémunéré et études universitaires

⊚ 2. Compréhension du texte

Questions générales

1. L'article est divisé en trois parties, quels en sont les Titres ?

- *Étudiant : une fonction parmi d'autres. Causes et effets. Tenir compte de nos limites et de nos valeurs.*

2. Que fait l'auteur, Claude Pratte, au sein du SOCP (service d'orientation et de consultation psychologique) de l'Université de Montréal ?

- *Il est directeur.*

Questions de compréhension détaillées

1. Depuis quelques années, quel phénomène social prend de l'importance chez les étudiants universitaires ?

- *Le travail rémunéré pendant les études.*

2. Depuis quand est-ce que les diplômés universitaires ont plus de difficulté à se trouver un emploi ?

- *Depuis le début des années 80.*

3. Est-ce que les emplois occupés par les universitaires sont toujours reliés à leur formation ?

- *Non, pas toujours.*

4. Selon l'auteur, quelles sont les raisons qui incitent les étudiants à se chercher un emploi pendant leurs études (donnez quatre raisons) ?

- *Les conditions d'insertion socioprofessionnelles des diplômés sur le marché du travail sont plus difficiles.*
- *La hausse des frais de scolarité.*
- *L'augmentation du coût de la vie.*
- *La sollicitation pressante à la consommation.*

5. À ce sujet, quel est le résultat de la recherche entreprise par l'UQAM (université du Québec à Montréal) ? Fournissez les renseignements correspondant aux pourcentages ou aux énoncés ci-dessous :

- 59% : *des étudiants travaillent en même temps qu'ils étudient.*
- 11% : *des étudiants sont à la recherche d'un emploi.*
- 30% : *des étudiants occupent un emploi relié à leur formation.*
- nombre d'heures de travail rémunéré (moyenne hebdomadaire): *16,3 heures.*
- étudiants de milieux favorisés : *Ils veulent un travail rémunéré autant que les étudiants moins favorisés.*
- étudiants qui habitent chez leurs parents : *Ils travaillent plus d'heures que les autres étudiants.*

6. Les professeurs éprouvent des inquiétudes face à ce style de vie, études à temps complet / travail rémunéré, lesquelles ?

- *Ils s'inquiètent de la performance académique , du taux de persévérance dans les études et de la qualité de la formation reçue. Ils s'inquiètent aussi de la surcharge de travail des étudiants et de leur niveau de stress.*

7. Selon les étudiants eux-mêmes, pourquoi préfèrent-ils ce modèle études / travail ?

- *L'expérience de travail semble plus valable comme étape de passage à l'état adulte que les études elles-mêmes.*
- *Elle apporte de l'autonomie financière.*
- *Cela procure un certain statut qui répond à un besoin du jeune adulte.*

8. Selon C. Pratte, quelles sont les deux étapes essentielles dans le développement psychologique du jeune adulte ?

- *La quête de l'autonomie et l'acquisition de la confiance en soi.*

9. Quels sont les dangers qui guettent l'étudiant qui travaille plus de quinze heures par semaine ?

   ● *Il y a le danger de compromettre la réussite académique et aussi, ça peut ajouter un niveau de stress noscif pour la santé physique et psychologique.*

10. Dans la conclusion, que suggère l'auteur aux étudiants qui ont un emploi pendant leurs études (trouvez deux suggestions) ?

    ● *Il faut respecter ses limites et ses valeurs personnelles.*

◎ *3. Vocabulaire*

1. **A l'aide du contexte et de votre dictionnaire, expliquez en français le sens des mots ou groupes de mots en caractères gras retrouvés dans le texte.**

3. **Associez chacun des 5 verbes suivants avec son synonyme ou groupe de synonymes :**

   a) Percevoir (4)   1–demander conseil, interroger
   b) Prendre conscience (3) 2–contenir, inclure
   c) Consulter (1)   3–s'apercevoir
   d) Compromettre (5)   4–saisir, distinguer, apercevoir
   e) Comporter (2)   5–mettre dans une situation critique

4. **Réemploi du vocabulaire : Complétez les phrases à l'aide des mots et expressions ci-dessous (provenant du texte aux lignes indiquées)** *ou de leurs dérivés.* **Faites les transformations grammaticales nécessaires.**

   ● Prise de conscience (1)
   ● Rémunéré (2)
   ● Diplômé (8)
   ● Emploi précaire (11)
   ● Attrait (28)
   ● Maintien (34)
   ● Parascolaire (44)
   ● Autonomie (46)
   ● Quête (48)
   ● Nocif (52)

a) La fumée de cigarette est *nocive* pour nos poumons.

b) Parlez-moi de votre ville natale et des *attraits* touristiques de votre région.

c) Il n'a eu droit qu'à un *emploi précaire* qu'il a perdu après quelques semaines.

d) Un bon travail permet de *maintenir* un certain style de vie.

e) Depuis que Lisa sait qu'elle a été adoptée à la naissance, elle poursuit sa *quête* d'identité et se pose beaucoup de questions sur ses origines.

f) Elle n'a pas été *rémunérée* à sa juste valeur, elle n'a eu que le salaire minimum.

g) Les étudiants *autonomes* sont ceux qui n'ont pas besoin du soutien financier de leurs parents.

h) Ce sont des *diplômés* de l'Université Laval à Québec. Ils ont tous un doctorat en sciences politiques.

i) Au secondaire, je participais à toutes les activités *parascolaires*, telles que la danse, les échecs et le théâtre.

j) Les mauvais résultats que Julie a eus à la fin du semestre l'ont fait réfléchir et ont suscité chez elle une véritable *prise de conscience* à la suite de laquelle elle a quitté son emploi et se consacre maintenant uniquement à ses études.

4. Expansion du vocabulaire

A. **Le monde du travail**

a) **Pour chaque mot de la colonne de gauche, trouvez dans la liste ci-dessous un ou plusieurs synonymes (aidez-vous d'un dictionnaire si nécessaire).**

Mots	synonymes
emploi	Poste, job, boulot
employeur	Patron, chef
employé	Salarié

Patron, poste, job, vendeur, serveur, chef, boulot, salarié

b) **Mettez les mots suivants au féminin.**

Un patron : *une patronne*
Un vendeur : *une vendeuse*
Un serveur : *une serveuse*

Un professeur : *une professeure*
Un médecin : *une femme-médecin (en général on garde le mot un médecin)*
Un employé : *une employée*

c) **Remplissez le tableau suivant pour définir les fonctions des personnes citées.**

	Où travaillent-ils ?	**Que font-ils ?**
Un fonctionnaire	À la Fonction Publique	Il peut avoir plusieurs fonctions : de directeur à commis, de secrétaire à formateur, etc.
Une chirurgienne	A l'hôpital	Elle fait des opérations, des chirurgies
Un enseignant	A l'école primaire ou secondaire	Il enseigne à des élèves
Un serveur	Dans un restaurant	Il sert des repas ou des boissons à des clients
Une vendeuse	Dans un magasin	Elle sert des clients, elle les aide à choisir

d) **Trouvez dans le dictionnaire les définitions des verbes ou groupes verbaux ci-dessous.**

Être embauché, être engagé	Être recruté, être choisi pour un emploi
Recruter, engager, employer	Embaucher quelqu'un
Être renvoyé, être mis à la porte, être remercié	Être congédié, être viré
Démissionner, remettre sa démission	Laisser son emploi, quitter un emploi
Être au chômage, être à la recherche d'un emploi	Ne pas avoir d'emploi, chômer, Chercher un emploi

B. **Le monde de l'argent**

a) **Complétez les phrases ci-dessous à l'aide des verbes suivants, en faisant les adaptations grammaticales nécessaires (un même verbe peut être employé deux fois) :**

| emprunter | dépenser | prêter | économiser gagner | avoir besoin |

1. Je travaille pour *gagner* de l'argent.

2. Heureusement que la banque m'a *prêté* de l'argent, sinon je n'aurais pas pu payer mes frais de scolarité.

3. Quand j'ai travaillé pour la Fonction Publique, je n'ai pas *gagné/* beaucoup d'argent.

4. J'ai *dépensé* tout l'argent que mes parents m'avaient donné pour mon anniversaire, il ne me reste plus rien !

5. Mon amie Julie est très dépensière, elle est incapable d'*économiser*.

6. Mon frère m'a encore *emprunté* 200 $. Il *a besoin* d'argent pour acheter ses livres et il n'a pas un sou !

b) **Dans la liste donnée ci-dessous, encerclez les verbes ou groupes verbaux synonymes de «** *faire des épargnes* **».**

économiser	payer des impôts	rembourser des dettes	**faire des économies**	**mettre de l'argent de côté**
faire un emprunt	gaspiller son argent	**placer son argent**	calculer son revenu	régler une facture

C. Complétez le tableau ci-dessous selon les consignes :

a) Pour chacun des noms suivants : (1) indiquez le genre (2) trouvez le verbe correspondant et (3) conjuguez le verbe au présent de l'indicatif à la personne indiquée.

Nom	Genre	Verbe (infinitif)	Présent de l'indicatif
Exemple : formation	F	former	Elle forme
étude	F	étudier	Il étudie
privilège	M	privilégier	Nous privilégions
attrait	M	attirer	Elles attirent
maintien	M	maintenir	Vous maintenez
emploi	M	employer	On emploie
réussite	F	réussir	Je réussis

b) Associez le mot de la colonne A à sa définition dans la colonne B.

A	B	
diplôme	Document qui confère un titre	
formation	enseignement	
nocif	Dangereux, toxique, nuisible	
parascolaire	Activité complémentaire	
discipline	Matière d'enseignement	
rémunéré	payé	

c) **Associez les mots de la liste suivante aux mots en anglais dans le tableau ci-dessous.**

Premier cycle, deuxième cycle, troisième cycle, sous gradué, maîtrise, doctorat, cégep, apprendre, apprentissage

College	cégep
Undergraduate studies	Premier cycle
To learn	apprendre
Learning	apprentissage
Postgraduate studies : Masters	Deuxième cycle, maîtrise
Postgraduate studies : Doctorate	Troisième cycle, doctorat

Grand 6½ à partager : Choisir de vivre en colocation

2. Compréhension du texte

Questions générales

1. Quel autre titre donneriez-vous à cet article?

● *Réponse personnelle.*

2. L'article est divisé en trois parties, quels en sont les sous-titres?

● *Comment choisir son colocataire.*

● *Le contexte de la colocation.*

● *La vie au quotidien et la gestion des conflits.*

Questions de compréhension détaillées

1. Relevez dans le premier paragraphe quatre événements qui peuvent inciter une personne à vivre avec un ou plusieurs colocataires.

● *La hausse du coût des loyers.*

● *Le début des études.*

● *Une perte d'emploi.*

● *Une rupture amoureuse.*

2. Dans l'introduction, l'auteure mentionne deux types de colocataires, quels sont-ils?

● *Un colocataire rarement présent dans l'appartement.*

● *Un colocataire très présent.*

3. Trouvez dans le deuxième paragraphe la définition du terme colocataire. Comparez la définition de l'auteure à celle de la Régie du logement.

● *C'est une personne qui va partager notre quotidien : les frais, les mêmes appareils et les mêmes lieux.*

● *C'est un locataire qui loue un même logement, par bail écrit ou verbal.*

4. Afin d'éviter les désagréments que peut occasionner la colocation, que devrait-on faire avant de commencer la vie commune? (quatre actions, 2ième paragraphe).

● *S'entendre sur certains points au préalable (nos priorités au quotidien).*

● *Choisir de préférence une personne qui nous ressemble.*

● *Se fier à son intuition lors du choix d'un colocataire.*

● *Se donner la chance de rencontrer plusieurs personnes si ça ne fonctionne pas lors de la première rencontre.*

● *Faire certains compromis si nécessaire.*

5. Prendre le temps de visiter le logement nous permet d'observer certains détails, lesquels? (3ième paragraphe).

● *La visite des lieux rend compte du climat et nous renseigne sur les personnes qui habitent l'appartement.*

6. Que nous suggère l'auteure afin de faciliter notre installation en tant que colocataire (3ième paragraphe)?

● *Partager des moments d'intimité avec les occupants afin de se familiariser plus rapidement avec son nouvel environnement.*

7. Quels sont les aspects de la vie commune qui devraient faire l'objet d'un consensus, les ententes sur lesquelles tout le monde doit être d'accord au préalable? (4ième paragraphe).

● *Répartir les tâches ménagères.*

● *Définir quelles seront les dépenses communes.*

● *S'entendre sur les modalités de paiement.*

● *Prévoir une entente sur la présence de visiteurs.*

● *Répartir les espaces de façon équitable (juste).*

● *Prévoir un endroit où chacun peut se retirer.*

● *Bien gérer les biens communs (téléviseur, frigo, etc.).*

8. Certaines règles ou conduites doivent être adoptées de part et d'autre afin de conserver une bonne ambiance dans l'appartement, lesquelles? (5ième paragraphe).

- *Faire preuve de civisme.*
- *Respecter l'intimité de chacun.*
- *S'intéresser à son colocataire, passer un peu de temps avec lui.*

9. Vivre en colocation peut selon l'auteure être une expérience très agréable; quelles en seront, néanmoins, les exigences? (il y en a deux dans la conclusion).

- *Être prêt à mettre certains efforts.*
- *Être prêt à faire des compromis.*

10. Selon la Régie du logement : Le colocataire doit "utiliser le logement en personne raisonnable". À votre avis, que veut dire le terme raisonnable? Illustrez votre réponse à l'aide d'exemples.

- *Réponse personnelle.*

3. Vocabulaire

1. **À l'aide du contexte et de votre dictionnaire, expliquez en français le sens des mots ou groupes de mots inscrits en caractères gras dans le texte, (choisissez deux mots dans chacun des six paragraphes).**

2. **Pratique orale : Réemploi du vocabulaire**

   - Travaillez deux par deux. À tour de rôle, posez les questions à votre partenaire. Vous devez répondre en utilisant les mots et expressions soulignés.

   Étudiant A

   a) À ton avis, quelles qualités essentielles doit posséder le bon colocataire?

   b) Est-ce que tu as déjà demeuré en appartement seul (e) ou avec des amis?

   c) Est-ce que tu préfères un colocataire qui n'est jamais là ou au contraire une personne très présente? Pourquoi?

d) En général, est-ce que tu <u>évites</u> les problèmes ou est-ce que tu les affrontes?

e) Es-tu le genre de personne qui <u>se fie</u> à son <u>intuition</u>?

Étudiant B

a) Que penses-tu de la <u>hausse</u> des frais universitaires? Te paraît-elle justifiée?

b) Est-ce que tes amis <u>t'influencent</u> beaucoup?

c) Chez toi, quelles <u>tâches ménagères</u> détestes-tu faire?

d) Avec qui est-ce que tu aimes <u>partager</u> tes moments de détente?

e) En général, quels sont les moments les plus <u>agréables</u> de ta journée?

3. **Complétez les phrases suivantes avec des mots ou expressions qui se trouvent dans le texte en caractères gras. Le chiffre renvoie à la ligne appropriée. Faites les transformations grammaticales nécessaires.**

   a) Les bons voyageurs savent *s'adapter* rapidement aux nouvelles situations. (ligne 12)

   b) Les personnes *équilibrées* mangent bien et dorment bien. (ligne 13)

   c) Elle *se sent* seule lorsqu'il n'y a personne autour d'elle. (ligne 7)

   d) Les dictionnaires en ligne me *facilitent* la vie lorsque j'écris! (ligne 35)

   e) Payez-vous votre *loyer* toutes les semaines ou tous les mois? (ligne 57)

   f) Les *clauses* de ce contrat ne sont pas claires, je refuse de le signer. (ligne 63)

   g) Le *logement* où j'habite est très vieux. (ligne 39)

h) J'achète toujours du café *équitable* dans les boutiques d'aliments naturels. **(ligne 56)**

i) Dans notre couple, je suis la seule à faire des *compromis*. **(ligne 24)**

j) Cet homme *emprunte* de l'argent à tout le monde mais il ne le remet jamais. **(ligne 71)**

4. **Complétez les phrases à l'aide d'un mot ou d'une expression de la liste ci-dessous. Faites les transformations grammaticales nécessaires. Le chiffre renvoie à la ligne correspondante dans le texte.**

Attentes	Expérience
Mode de vie	Il vaut mieux
Diminuer	Se familiariser
Gêner	S'entendre
Offre	Intimité

a) Ils se couchent tard, ils fument et boivent beaucoup, leur *mode de vie* n'est pas très sain. **(ligne 5)**

b) On a tous besoin d'un peu d'*intimité* pour se sentir bien. **(ligne 70)**

c) Elle *s'entend* bien avec tout le monde, c'est une fille très sympathique. **(ligne 36)**

d) Les *attentes* de ce professeur sont trop grandes, il n'est jamais satisfait, il en demande toujours plus! **(ligne 8)**

e) Votre *offre* est intéressante, je vais prendre le temps d'y réfléchir. **(ligne 76)**

f) Cet étudiant est très timide, un rien le *gêne*. **(ligne 41)**

g) *Il vaut mieux* être riche et en santé que pauvre et malade! **(ligne 27)**

h) Lors de mon séjour en France, j'ai vécu des *expériences* inoubliables. **(ligne 10)**

i) À la deuxième session, ses notes *ont diminué* en même temps que sa motivation. **(ligne 22)**

j) Elle *se familiarise* avec les lieux avant de porter un jugement. **(ligne 44)**

5. **Faites des phrases (d'au moins dix mots) illustrant bien le sens des termes suivants. Faites tout changement grammatical nécessaire. Réponses personnelles.**

   a) Sautes d'humeur **(ligne 69)**

   _____

   b) Tâche ménagère **(lignes 52 et 53)**

   _____

   c) Recherche **(ligne 35)**

   _____

   d) Partager **(ligne 16)**

   _____

   e) Se familiariser **(ligne 44)**

   _____

   f) Autrui **(ligne 67)**

   _____

   g) Revendiquer **(ligne 51)**

   _____

   h) Gérer **(ligne 49)**

   _____

   i) Ouverture **(ligne 77)**

   _____

   j) Emménager **(ligne 40)**

   _____

6. **Texte deux "La colocation"**

   1. **Lisez le texte suivant deux fois et soulignez les verbes conjugués au présent du mode indicatif.**

   2. **Dans les espaces fournis (entre parenthèses), inscrivez un synonyme de chaque verbe qui précède les parenthèses. Consultez un dictionnaire des synonymes si nécessaire.**

   ## LA COLOCATION

   À Montréal, la majorité des étudiants <u>vivent</u> (*habitent, logent, demeurent*) en colocation afin de diminuer les coûts de loyer, d'électricité, de téléphone etc.

   Cette pratique très répandue, <u>s'avère</u> (*est, apparaît*) des plus enrichissantes et vous permettra de vous intégrer rapidement si vous <u>décidez</u> (*prenez la décision, convenez*) d'habiter avec un étudiant québécois.

   La colocation <u>offre</u> (*présente, fournit, donne*) également plus de souplesse quant à la durée du contrat et aux références qu'il faut <u>fournir</u> (*donner, présenter*).

   Vous pouvez <u>obtenir</u> (*trouver*) notamment les coordonnées d'étudiants à la recherche de colocataires sur le site de logement de Polytechnique au www.logement.polyml.ca

   3. **Complétez chaque phrase en cherchant dans le texte ci-dessus le synonyme de chaque terme entre parenthèses.**

      a) À Montréal, *la majorité* (la plupart) des étudiants vivent en colocation.

      b) Les étudiants vivent ensemble afin de *diminuer* (réduire) les coûts du loyer.

      c) Cette pratique très *répandue* (populaire) s'avère des plus enrichissantes.

      d) La colocation offre *également* (aussi) plus de souplesse quant à la durée du bail.

      e) Vous pouvez obtenir les *coordonnées* (renseignements) nécessaires sur le site de logement de Polytechnique.

4. **En vous basant sur la lecture du texte deux intitulé *La Colocation*, choisissez l'élément qui complète le mieux le début de phrase qui vous est donné. Encerclez la lettre correspondant à votre choix.**

1. Dans l'ensemble, la colocation est . . .

   a) *souvent très avantageuse.*

   b) rarement profitable.

   c) très risquée.

2. Beaucoup d'étudiants vivent en colocation afin . . .

   a) de ne pas rester seuls.

   b) de se faire des amis.

   c) *de faire des économies.*

3. La colocation est un bon moyen d'intégration si

   a) vous êtes en première année d'université.

   b) *vous désirez vous familiariser avec une nouvelle culture.*

   c) vous êtes de la région de Montréal.

4. Cohabiter avec d'autres étudiants

   a) *permet plus de flexibilité.*

   b) réduit votre liberté.

   c) exige de nombreuses références.

5. La recherche d'un colocataire est possible

   a) en faisant appel à des amis.

   b) dans les agences de rencontre.

   c) *sur le Web, dans la rubrique sites de logement.*

5. **Formez des phrases en associant chaque segment de gauche au segment approprié de la colonne de droite.**

● Ce logement est magnifique,	afin d'éviter tout conflit.
● Je vais choisir un coloc*	des règles communes à respecter.
● Il faut établir à l'avance	qu'il dépense tout son argent.
● Le problème est	j'espère que le loyer est abordable.
● Elle a signé un bail écrit	qui me ressemble.

1. *Ce logement est magnifique, j'espère que le loyer est abordable.*

2. *Je vais choisir un coloc qui me ressemble.*

3. *Il faut établir à l'avance des règles communes à respecter.*

4. *Le problème est qu'il dépense tout son argent.*

5. *Elle a signé un bail écrit afin d'éviter tout conflit.*

6. **Associez chaque mot avec sa définition.**

a) Opter	d) Personne qui habite un lieu.
b) Faciliter	c) Contrat par lequel on s'engage pour un prix et une durée déterminés.
c) Bail	e) Disposition à s'intéresser sans préjugé à ce qui est nouveau ou différent.
d) Occupant	b) Simplifier, rendre plus facile.
e) Ouverture (d'esprit)	a) Se décider pour quelque chose ou pour quelqu'un.

---

* coloc : diminutif de colocataire, terme utilisé en langue parlée, niveau familier.

7. **Trouvez deux dérivés pour chacun des verbes donnés, comme dans l'exemple. Aidez-vous d'un dictionnaire si nécessaire.**

Exemple : Offrir	Offre	Offert(e)
(Se) protéger	protection	protecteur (trice) protégé(e)
Raisonner	raison raisonnement	raisonnable
Connaître	connaissance reconnaissance	connu(e) connaisseur(se)
S'intégrer	intégration intégrité	intégré(e) intégriste
Se fier	fiabilité	fiable

4. Expansion du vocabulaire

1. **Construisez des phrases dans lesquelles vous illustrez le sens de douze noms ou groupes nominaux de la liste suivante.**

- **Exemple** : *Compromis –*

- Je préfère les vacances à la mer, mon ami veut aller à la montagne; nous irons en Colombie britannique, c'est un bon *compromis* pour concilier nos deux points de vue. Réponses personnelles.

rupture amoureuse	équilibre	ambiance	règles	civisme	repas	attente
événement	quotidien	**compromis**	tâches	loi	lien	priorité
mode de vie	entente	environnement	dépense	sautes d'humeur	mésententes	intégration
moyen	incompatibilité	concessions	droits	ordinateur	intimité	gestion
occupant(e)	bail	fermeture	individu	paiement	découverte	angoisse

1. _____

2. _____

3. _____

4. _____

5. _____

6. _____

7. _____

8. _____

9. _____

10. _____

11. _____

12. _____

2. **Trouvez dans le texte ou dans le dictionnaire des mots de même famille (deux mots) que :**

Exemples : ● location ● emménager	● locataire ● déménager	● louer ● déménagement
entente	entendre	entendu(e)
envahir	envahissant	envahisseur, envahissement
perte	perdre	perdant(e), perdition
attendre	attente	attendu(e)

3. **Trouvez dans le texte ou dans le dictionnaire des antonymes (deux mots) de :**

Exemples : Entente	mésentente	désaccord
hausse	baisse	dépréciation
fermeture	ouverture	entrée passage
dépense	économie	épargne
raisonnable	irraisonnable	déraisonnable
équilibre	déséquilibre	instabilité

4. **Trouvez le verbe qui correspond aux mots suivants :**

Exemples : Entente	entendre
hausse	hausser
fermeture	fermer
comptabilité	compter
raisonnable	raisonner
dépense	dépenser

5. **Lisez les phrases suivantes et inscrivez la forme correcte du verbe *se sentir* au présent.**

   a) Depuis que nos voisins sont partis, nous ***nous sentons*** seuls.

   b) Elle ***se sent*** fatiguée parce qu'elle travaille trop.

   c) Est-ce que tu ***te sens*** bien au milieu de tout ce monde?

   d) Je ***me sens*** mal à l'aise quand on m'adresse des compliments.

   e) Prenez ce médicament quand vous ***vous sentez*** déprimés.

6. **Associez un complément approprié au verbe suivant.**

   Exemple :   <u>*Emprunter-*</u>   emprunter de l'argent.

   a) régler : *régler des comptes.*

   b) éprouver : *éprouver de la tristesse.*

   c) manifester : *manifester sa joie.*

   d) tenir compte : *tenir compte de la situation.*

   e) rendre compte : *rendre compte du climat, de la situation.*

L'anxiété face aux examens

2. Compréhension du texte

Questions générales

1. Que savons-nous de l'auteure de cet article ?

- *Elle s'appelle Marie-Andrée Linteau et elle est psychologue à l'université de Montréal.*

2. En combien de parties l'article est-il divisé et quels en sont les sous-titres ?

- *5 parties : L'anxiété aux examens (titre) (introduction). Les attitudes face aux examens. Le rythme des révisions. Comment réviser ? La veille et le jour J.*

3. Trouvez un autre titre à cet article.

- *Réponse libre.*

Questions de compréhension détaillées

1. D'après le texte, l'anxiété ressentie avant un examen est-elle un phénomène courant ?

- *C'est inévitable et normal.*

2. Selon l'auteure, l'anxiété face aux examens est-elle toujours négative ? Expliquez en quoi.

- *Non, parfois, elle est positive et motivante.*

3. Selon la psychologue Marie-Andrée Linteau, la préparation aux examens doit se faire par étapes, lesquelles ? Résumez chaque étape dans vos propres mots.

● *Faire un survol (voir la matière globalement afin d'évaluer la durée de l'étude), se faire un plan de travail afin d'évaluer la difficulté de la matière à étudier, alterner phases d'étude et de repos (se reposer parfois afin de garder sa concentration), prévoir des moments libres (se garder du temps pour les difficultés soudaines ou les imprévus), connaître ses temps forts (étudier le matin la matière compliquée si on est une personne plus performante le matin ou le soir si on est à son meilleur le soir, ça dépend de chaque personne), respecter un cycle de travail (ne pas étudier sans s'arrêter plus d'une heure à la fois, savoir s'arrêter quelques moments pour se reposer le corps et l'esprit), commencer par la matière la plus compliquée afin de poursuivre avec de la matière plus simple, alterner le difficile et le facile, savoir s'arrêter pour bouger (se lever après un certain temps et faire quelques exercices physiques, ça permet de se reposer et ça évite de s'ankyloser).*

4. Qu'est-ce qu'un étudiant devrait faire lorsqu'il reçoit sa copie d'examen ? Pourquoi ?

● *Faire un survol rapide des questions, remarquer le nombre de questions, le nombre de points prévus pour chacune d'entre elles et estimer la longueur des réponses. Aussi, lire attentivement les consignes et écrire en marge les renseignements importants qu'il ne faut pas oublier.*

5. Quelles questions devrait-on traiter en premier lieu lorsque l'on reçoit sa copie d'examen ? Dans quel but ?

● *Répondre en premier aux questions les plus faciles parce qu'il faut se garder plus de temps pour les questions difficiles.*

6. Qu'est-ce que l'auteure recommande de faire la veille de l'examen ?

● *La veille il est préférable de ne pas trop étudier, il faut se détendre et bien dormir.*

7. Pourquoi est-il préférable d'arriver plus tôt le jour d'un examen ? Donnez vos raisons et celles de l'auteur.

● *Afin de se choisir un endroit où on se sent bien.*

8. Qu'est-ce qu'une « nuit blanche » ?

● *C'est une nuit sans dormir.*

9. En guise de conclusion, que souhaite l'auteure aux étudiants ? Pour quelle raison ?

● *Elle espère que ses conseils seront utiles aux étudiants et elle leur souhaite bonne chance car parfois on en a besoin.*

10. Selon vous, quelles sont les attitudes personnelles qui sont responsables de la réussite ou de l'échec aux examens ?

● *Réponse libre.*

3. Vocabulaire

1. A l'aide du contexte et de votre dictionnaire (avec des définitions, des synonymes ou des exemples), expliquez en français le sens des mots ou groupes de mots en caractères gras retrouvés dans le texte.

2. Pratique orale du vocabulaire

● Travaillez deux par deux. A tour de rôle, posez les questions à votre partenaire. Vous devez répondre en utilisant les mots en caractères. Réponses personnelles.

Étudiant 1-

a) La période des examens, est-elle pour toi une période exténuante ou plutôt stimulante ? Pourquoi ?

b) Afin d'augmenter ta concentration, quels moyens utilises-tu ?

c) Quelle est ta période de productivité maximale ? Que choisis-tu de faire dans ces moments-là?

d) Quelles stratégies utilises-tu afin de mémoriser des connaissances ?

e) Es-tu un apprenant plutôt auditif (qui aime les explications verbales) ou visuel (qui préfère les dessins, graphiques et schémas) ?

f) Dans quelles circonstances, autres que les examens scolaires, as-tu déjà eu le trac ? Quelles sont les manifestations physiques du trac chez toi ?

Étudiant 2-

a) Que fais-tu la <u>veille</u> d'un examen ?

b) Es-tu un étudiant <u>perfectionniste</u> ?

c) Trouves-tu les <u>conseils</u> de tes professeurs <u>utiles</u> ?

d) Lorsque tu reçois ta copie d'examen, lis-tu attentivement les <u>consignes</u> ?

e) Te considères-tu comme un <u>étudiant modèle</u> ? Selon toi, quelle est la définition d'un étudiant modèle ?

f) As-tu déjà <u>passé une nuit blanche</u> afin d'étudier ou de réviser la matière d'un examen ?

3. **Complétez les phrases suivantes avec des mots ou expressions qui se trouvent en caractères gras. Le chiffre renvoie à la ligne appropriée. Faites les transformations grammaticales nécessaires.**

a) Beaucoup d'étudiants croient que la période des examens est *paralysante*. Ils ont peur et se sentent nerveux. **(ligne 6)**

b) Les *attitudes* personnelles face aux examens sont des facteurs importants dans la réussite ou dans l'échec aux examens. **(ligne 7)**

c) L'apprentissage se fait rarement dans des *conditions idéales*. **(ligne 16)**

d) Elle révise la matière difficile en premier lieu. Elle *établit* un plan de travail équilibré. **(ligne 20)**

e) Il faut toujours *tenir compte* de la difficulté de certaines matières. **(ligne 20)**

f) C'est bien ! Tu ne *dépasses* jamais tes limites. **(ligne 26)**

g) *Il est prouvé* que l'on étudie mieux après une bonne nuit de sommeil. **(ligne 30)**

h) Lors d'une discussion, il est bon de dégager les idées *essentielles*. (ligne 34)

i) Notre professeur *se détend* en écoutant de la musique. (ligne 43)

j) Je passe souvent des *nuits blanches* à danser dans les bars de Hull. (ligne 44)

k) On dit que les Francophones *gesticulent* plus en parlant que les Anglophones. (ligne 42)

4. **Complétez les phrases à l'aide d'un mot de la liste ci-dessous. Faites les transformations grammaticales nécessaires. Le chiffre renvoie à la ligne appropriée dans le texte.**

- Irrationnel (ligne 12)
- Irréaliste (ligne 11)
- Imprévu (ligne 23)
- Récitation (ligne 32)
- Prévoir (ligne 36)
- Fiche (ligne 37)
- Notion (ligne 38)
- Frappant (ligne 39)
- Survol (lignes 18, 49)
- En marge (ligne 53)
- Mot-clé (ligne 58)

a) J'ai un système de *fiches* qui me permet de me retrouver dans mes notes de cours.

b) Pour approfondir sa compréhension d'un texte, l'étudiant modèle surligne les *mots-clés*.

c) Il n'a pas tout lu, il a fait un *survol* rapide du chapitre.

d) Emportez toujours une couverture en voiture en cas d' *imprévu*.

e) Elle *prévoit* toujours des temps de repos.

f) Cette *notion* est trop abstraite. Je ne la comprends pas.

g) Sa ressemblance avec son frère est *frappante*.

h) Il n'a pas d'argent, son projet de voyage en Europe est *irréaliste*.

i)   Dans la vie, mieux vaut être logique ; il faut éviter les comportements *irrationnels*.

j)   Pour vous, la *récitation* de phrases par cœur est-elle utile pour les examens ?

k)   Les professeurs font des remarques *en marge* de nos devoirs.

4. Expansion du vocabulaire

1.   **Trouvez dans le texte des synonymes correspondant aux mots ou expressions suivants.**

	Synonymes		Synonymes
une faillite (8)	Un échec	décompresser (43)	se détendre
évident (30)	prouvé	envisager (36)	prévoir
un avis (59)	Un conseil	aller au-delà de (26)	dépasser
fortifiant (5)	Stimulant	nécessaire (10, 14)	important, essentiel
un succès (8)	Une réussite	en premier lieu (55)	d'abord

2.   **Trouvez dans le texte le verbe qui correspond aux noms suivants, puis conjuguez-le.**

	Verbe à l'infinitif	Verbe conjugué (présent de l'indicatif)
Exemple : dépassement	*dépasser*	*nous dépassons*
établissement	établir	vous établissez
dégagement	dégager	nous dégageons
prévision	prévoir	elles prévoient
reprise	reprendre	ils reprennent
preuve	prouver	tu prouves
détente	se détendre	je me détends
accord	accorder	vous accordez

3. **Réemploi : Complétez les phrases suivantes avec un verbe de la liste ci-dessous. Utilisez chaque verbe une fois, et conjuguez-le selon le contexte.**

prouver, dégager, dépasser, reprendre, prévoir, accorder

1) Je ne comprends pas la théorie présentée aujourd'hui en classe. Ces notions compliquées me *dépassent*.

2) Relisez bien vos notes de cours et *dégagez* les points pertinents.

3) Ces études *prouvent* que la révision faite à plusieurs reprises permet de mieux réussir à un examen.

4) Essayez de *prévoir* assez de temps pour la révision finale la veille de votre examen..

5) L'étudiant sérieux *accorde* beaucoup de temps à la révision des matières difficiles.

6) Les étudiants qui *reprennent* les exercices ou les problèmes plusieurs fois les comprennent mieux.

CORRIGÉ 5

La procrastination ou la folie de la dernière minute

⊚ 2. Compréhension du texte

Questions générales

1. Donnez un autre titre à cet article.
- *Réponse personnelle*

2. L'article est divisé en deux parties, quels en sont les Titres ?
- *Les peurs(1) et Comment devient-on procrastinateur ? (2)*

3. Quels sont les trois sous-titres de la première partie ?
- *Ce serait terrible d'échouer, je ne survivrais pas ! (a)*
- *Tu ne me contrôleras pas ! (b)*
- *J'ai peur de faire ma vie ou j'ai peur de m'attacher ! (c)*

Questions de compréhension détaillées

1. Dans l'introduction, l'auteure dit que la procrastination n'est pas nécessairement un problème et qu'elle peut être un mécanisme d'adaptation utile. Décris trois situations tirées du texte où remettre au lendemain n'est pas problématique :
- *Elle peut être une façon de se donner du temps pour réfléchir.*
- *Elle peut être une façon de prendre une distance critique.*
- *Elle peut ne toucher qu'un secteur de notre vie.*
- *Elle peut me donner le temps d'évaluer et de choisir les demandes.*

173

2. Toujours au 3ième paragraphe, quand cette habitude devient-elle un véritable problème ?

  - *Les conséquences de mes retards sont dramatiques.*
  - *Quand la culpabilité et les remords m'envahissent.*
  - *Ma confiance en moi diminue.*

3. À la fin de l'introduction, que se propose de faire l'auteure de cet article ?

  - *Elle va examiner certaines peurs et tenter d'explorer les sources de ce mécanisme d'adaptation à partir des messages reçus dès notre enfance.*

4. Dans tes propres mots, explique quelles sont les trois peurs décrites dans le texte qui mènent à la procrastination ?

  - *La peur d'échouer.*
  - *La peur d'être contrôlé(e).*
  - *La peur de vivre sa vie ou de s'attacher.*

5. Certaines peurs sont contradictoires en apparence, lesquelles ? Quelle différence existe-t-il entre ces deux peurs ?

  - *La peur de vivre sa vie ou de s'attacher car toutes les deux partent du désir d'établir une bonne distance avec les autres.*
  - *La première peur est une façon de ne jamais vivre ses ambitions ou de ne jamais se séparer tandis que la deuxième peur nous empêche de nous engager dans un projet ou dans une relation interpersonnelle.*

6. Selon l'auteure, pour quelles raisons avons-nous peur d'être contrôlé ou dominé par les autres ? D'où nous vient cette peur, comment peut-on l'expliquer ?

  - *La peur d'être incapable de s'affirmer, d'affirmer notre autonomie.*
  - *La peur de revivre l'autorité parentale, l'autorité de parents insatisfaits.*
  - *Ces peurs viennent de notre enfance où nos parents avaient le contrôle de notre vie.*

7. Quelles conséquences néfastes peut avoir ce genre de peur qui nous pousse à refuser catégoriquement les exigences d'autrui ? Donnez des exemples tirés du texte :

  - *Ils sont souvent en retard.*
  - *Ils oublient d'emporter leur partie du travail à une réunion.*
  - *Ils ont oublié d'acheter un cadeau d'anniversaire à un ami ou ils n'ont pas eu assez de temps.*

8. Certaines personnes redoutent tellement d'échouer ou d'être critiquées qu'elles reportent à plus tard la réalisation de leur travail. Pourquoi selon l'auteure ont-elles ce comportement ? Quelles croyances les poussent à agir ainsi ?

● *La peur de ne pas être parfait, d'être médiocre.*

● *La peur d'être méprisé(e) par les autres si on n'est pas un être exceptionnel.*

● *La peur de ne pas être aimé(e).*

● *On peut choisir de ne rien faire afin de se protéger d'une défaite possible.*

9. Décris avec tes propres mots l'univers du perfectionnisme tel que présenté dans le texte :

● *Univers dans lequel il n'y a pas de demi-mesure et où l'excellence doit être acquise sans effort.*

● *Univers où règne la peur constante de ne pas être à la hauteur.*

● *Univers où demander de l'aide est la preuve de notre faiblesse.*

● *La peur de ne pas être aimé(e) si on n'est pas parfait.*

10. Quelles sont toutes les raisons qui incitent un individu à procrastiner ? Vous trouverez les réponses dans la dernière partie du texte intitulée : « Comment devient-on procrastinateur ?"

● *Le besoin d'être parfait(e).*

● *Une lutte pour s'affirmer et affirmer notre autonomie.*

● *La peur de se séparer de l'autre.*

● *La peur de vivre sa vie, d'être soi-même.*

● *Une défense contre ses propres besoins de dépendance.*

● *La peur d'être critiqué(e).*

● *Rester fidèle à nos parents en essayant de sauvegarder notre identité.*

2.1 Vrai ou Faux ?

Indiquez si d'après le texte de Marie-Andrée Linteau l'énoncé est vrai (v) ou faux(f) dans l'espace qui vous est fourni.

1. La procrastination c'est toujours une question de paresse et de mauvaise volonté. *F*

2. Un(e) procrastinateur (trice) se protège parce qu'il ou elle a peur. *V*

3. Un perfectionniste s'évalue en fonction de ce qu'il est et non de ce qu'il fait. *F*

4. L'absence de tout désir de compétition est dans le texte synonyme de contre-performance. *V*

5. Remettre une tâche urgente au lendemain peut signifier : Je suis plus fort que toi, tu ne peux rien exiger de moi ! *V*

6. Pour un procrastinateur, la coopération est perçue comme une faiblesse. *V*

7. Les psychologues savent exactement comment on devient procrastinateur. *F*

8. Certains parents ont une attitude ambivalente face à la réussite de leurs enfants. *V*

9. L'étudiant qui a un grand potentiel réussira à coup sûr. *F*

10. Se séparer de ses parents est la tâche de toute une vie. *V*

3. Vocabulaire

1. **À l'aide du contexte et de votre dictionnaire, expliquez en français vingt nouveaux mots ou groupes de mots en caractères gras retrouvés dans le texte.**

2. **Pratique orale : Réemploi du vocabulaire   Réponses personnelles**

    ● Travaillez deux par deux. À tour de rôle, posez les questions à votre partenaire. Vous devez répondre en utilisant les mots ou expressions soulignés. Le chiffre renvoie à la ligne appropriée.

    a) As-tu l'habitude d'attendre à la dernière minute pour préparer tes examens ? **(ligne 1)**

    b) Ne pas obtenir A+ dans un travail, est-ce dramatique pour toi ? **(ligne 20)**

    c) Quelles sont tes grandes ambitions dans la vie ? **(ligne 95)**

    d) Quelles sont les personnes qui t'influencent beaucoup ces dernières années ? **(ligne 112)**

    e) Selon tes amis, quelle est ta plus grande qualité ? **(ligne 158)**

Étudiant B

a) Quelles sont les <u>tâches</u> domestiques que tu détestes faire chez toi ? **(ligne 122)**

b) Quels <u>rêves</u> aimerais-tu réaliser lorsque tu auras terminé tes études ? **(ligne 114)**

c) En général, est-ce que tu es une personne très <u>autonome</u> ? **(ligne 82)**

d) Est-ce que tu <u>réfléchis</u> beaucoup avant de passer à l'action ? **(ligne 16)**

e) Habituellement, écoutes-tu les <u>conseils</u> que tes amis te donnent ? **(ligne 96)**

3. **Complétez les phrases suivantes avec les mots ou expressions de la liste ci-dessous ou de leurs dérivés. Le chiffre renvoie à la ligne correspondante dans le texte. Faites les transformations grammaticales nécessaires.**

- Peur
- Relativiser
- Transmettre
- Décevant
- Conjoint
- Attitude
- Défaut
- Conflit
- Lien
- Sensation

Rigide
S'établir
Malheur
Défense
Sauvegarder
Confus
Maitrise
Fidèle
Attente
Échec

a) Sa peur de l'*échec* lui fait remettre tout au lendemain. **(130)**

b) Cette fille adore les *sensations* fortes. Tous les samedis, elle fait du parachutisme. **(149)**

c) Ses parents sont très *rigides*, ils ne lui permettent pas de sortir avec des amis la fin de semaine. Ils sont d'une autre époque ! **(65)**

d) Cet homme est *fidèle* en amitié. Il ne laisse jamais tomber ses amis et les aide au besoin. **(156)**

e) Mon plus grand *défaut* c'est la gourmandise. J'aime manger et je ne sais pas quand m'arrêter ! **(158)**

f) Dans la vie, il faut savoir *relativiser* car rien n'est entièrement blanc ou entièrement noir, il y a des zones grises. **(150)**

g) La notion d'*attitude* est un phénomène psychologique complexe. Les chercheurs n'arrivent pas à un consensus quant à sa définition. **(152)**

h) J'aime énormément mon frère, un *lien* étroit m'unit à lui. **(153)**

i) Cet individu a eu tellement de *malheurs* dans la vie. En deux ans, il a perdu son meilleur ami et un incendie a détruit sa maison. **(100)**

j) C'est un excellent professeur. Il aime enseigner et il sait comment *transmettre* ses connaissances. **(27)**

k) Ma *conjointe* est pilote d'avion pour Air Canada. **(66)**

l) C'est très *décevant* de recevoir D dans un examen. **(55)**

m) Les *attentes* des parents sont parfois trop grandes envers leurs enfants. Ils projettent sur eux leurs désirs et leurs rêves. **(114)**

n) Mes ancêtres *se sont établis* sur les rives du St-Laurent. Ils venaient de Poitou et ils étaient fermiers. **(67)**

o) Essayer de *sauvegarder* ses racines françaises en Amérique, ce n'est pas toujours facile ! Ça prend de la détermination. **(156)**

p) C'est une personne *confuse*. Elle ne sait jamais ce qu'elle doit faire ni par où commencer. **(149)**

q) Elle *maîtrise* très mal l'anglais. Lorsqu'elle parle, personne ne la comprend. **(141)**

r) Qu'avez-vous à dire pour votre *défense* déclara l'avocat en cour de justice. **(110)**

s) La survie d'un couple dépend de sa façon de gérer les *conflits*. Chaque problème a une solution. **(148)**

t) Sa *peur* irrationnelle est devenue une phobie. Leonardo est incapable de prendre l'avion même s'il aimerait rencontrer sa famille au Mexique. **(24)**

4. **Complétez les phrases suivantes avec des mots ou expressions qui se trouvent en caractères gras. Le chiffre renvoie à la ligne où se trouve le mot dans le texte. Faites les transformations grammaticales nécessaires.**

a) La 2ième *session* me semble toujours plus courte que la première. **(ligne 2)**

b) Elle *s'impatiente* lorsque tu arrives en retard. **(ligne 6)**

c) Chaque fois que tu mens, ma *confiance* en toi diminue. **(ligne 21)**

d) La *paresse* est la mère de tous les maux. **(ligne 23)**

e) Savoir *faire face à* ses problèmes démontre chez un individu la marque d'une très grande maturité. **(ligne 24)**

f) Ce colis est *fragile*, manipule-le avec soin. **(ligne 32)**

g) Il ne faut pas se fier aux *apparences*, elles sont parfois trompeuses. **(ligne 51)**

h) Cette femme dort toute la journée et elle est constamment *déprimée*. Elle devrait voir un bon psychologue. **(ligne 51)**

i) Ce jeune couple a de la difficulté à *concilier* la famille et le travail. **(ligne 73)**

j) Tu es aussi *rusé(e)* qu'un renard ! Tu réussis tout ce que tu entreprends. **(ligne 75)**

k) En tournant à droite, nous *avons évité* un terrible accident de voiture. **(ligne 98)**

l) On dit que le *malheur* des uns fait le bonheur des autres. **(ligne 100)**

m) Dans sa maison, elle peut *réparer* tous les accessoires elle-même. Je l'envie car moi, je ne sais rien faire de mes dix doigts. **(ligne 125)**

n) Ils ont fourni des efforts *considérables*, c'est la raison pour laquelle ils ont remporté le premier prix. **(ligne 112)**

o) Nous *avons vécu* deux ans à Montréal avant de revenir à Ottawa. **(ligne 133)**

5. **Cherchez un mot ou groupe de mots dans le texte qui peut remplacer chaque mot ou groupe de mots entre parenthèses dans les phrases suivantes. Le chiffre renvoie à la ligne correspondante. Faites les transformations grammaticales nécessaires.**

a) Ce (trimestre) a été particulièrement difficile : **(ligne 2)**

⬤ *Cette session*

b) Ce film d'horreur est (effrayant), il m'a fait vraiment peur : **(sous-titre : 1a)**

⬤ *terrible*

c) Vous (avez eu) de belles notes dans ce cours, bravo ! : **(ligne 35)**

⬤ *vous avez obtenu*

d) Cette pièce de théâtre est très (quelconque), j'avoue qu'elle m'a beaucoup déçu(e) **(ligne 56)**

⬤ *ordinaire*

e) Il est (clair) que ces étudiants ne réussiront pas leurs examens. Ils n'ont jamais ouvert leurs livres et ils n'écoutent jamais en classe : **(ligne 58)**

⬤ *évident*

f) J' (ai peur) d'avoir perdu mes clés hier soir à la bibliothèque : **(ligne 93)**

⬤ *Je crains*

g) Ses (plans) sont tout simplement merveilleux ! C'est original et audacieux : **(ligne 102)**

⬤ *Ses projets*

h) Pourquoi (se déprécier) constamment ; laissons faire les autres, ils s'en chargeront : **(ligne 125)**

⬤ *se dévaloriser*

i) Elle s' (invente) de belles histoires et ensuite, elle les couche sur papier ; elle ne manque pas d'imagination: **(ligne 128)**

⬤ *s'imagine*

j) Sa réussite dans le domaine des affaires est (spectaculaire)! : **(ligne 131)**

⬤ *éclatante*

◎ *4. Expansion du vocabulaire*

1. **Complétez les débuts de phrase, à gauche, en les reliant à des mots de la colonne de droite.**

● Ce serait merveilleux *(a)*	d'échouer à cet examen. *(d)*
● Elle travaille toujours *(b)*	fortement à tes propos. *(c)*
● Ils ont réagi *(c)*	les attentes de nos parents. *(e)*
● Vous craignez *(d)*	de vivre tous nos rêves. *(a)*
● On porte en nous *(e)*	très tard dans la nuit. *(b)*

2. **Associez le mot de la colonne A à sa définition dans la colonne B.**

A	B
Invétéré(e) *1.*	Quelque chose ou quelqu'un d'insignifiant *4.*
Paradoxe *2.*	Quelqu'un dont les habitudes sont solidement ancrées, enracinées *1.*
Attitude *3.*	Ce que l'on peut gagner ou perdre lors d'une action *5.*
Médiocre *4.*	Opinion, proposition contraire à la logique, au sens commun *2.*
Enjeu 5.	Sentiments que l'on affecte, comportement que l'on adopte selon les circonstances *3.*

3. **Trouvez des mots de même famille que les mots suivants extraits du texte. Aidez-vous d'un dictionnaire si nécessaire.**

Adaptation : Exemple :	Adapté	S'adapter	Ligne 17
Paresse	paresseux	paresser	Ligne 23
Perfectionnisme	perfection	(se) perfectionner	Ligne 40
Dépendance	dépendant(e)	dépendre	Ligne 77
Éloignement	éloigné(e)	(s') éloigner	Ligne 93
Identité	identique	(s') identifier	Ligne 109

4. **Commentez chaque énoncé avec une phrase complète. Utilisez le dictionnaire si nécessaire.**

   Exemples :   Réponses personnelles

   Je trouve habituellement de bonnes raisons pour ne pas agir immédiatement :

   C'est faux, j'agis dès que j'ai un travail à faire.

   Ou

   C'est juste, j'ai habituellement tendance à procrastiner.

   a) En général, je sais ce que j'ai à faire mais je fais autre chose.

   _____

   b) J'emporte souvent mes livres avec moi mais je ne les ouvre pas.

   _____

   c) Je travaille mieux sous pression et à la dernière minute.

   _____

   d) Il y a toujours trop d'imprévus qui m'empêchent d'accomplir mes priorités.

   _____

   e) J'évite les réponses franches lorsque je dois prendre une décision importante.

   _____

   f) Je prends des demi-mesures afin d'éviter ou de retarder une action déplaisante ou difficile.

   _____

g) Je suis souvent trop fatigué(e), nerveux (se) ou préoccupé(e) pour faire les tâches qui m'attendent.

_____

h) J'aime mettre de l'ordre dans ma chambre avant d'étudier.

_____

i) J'attends d'avoir de l'inspiration avant de commencer un travail ou la préparation d'un examen important.

_____

j) Je pense souvent ne pas avoir fait le maximum et cela me donne l'impression que mon travail ne vaut rien.

_____

L'intelligence sous toutes ses formes

🌀 *2. Compréhension du texte*

Questions générales

1. Qui est Howard Gardner (profession, nationalité) ?
- *C'est un psychologue américain.*

2. Quelle est l'idée principale de la théorie de Howard Gardner?
- *Il avance une théorie connue sous le nom de théorie des intelligences multiples. Selon Gardner, il y a 9 types d'intelligence.*

3. À quoi peut servir, dans la vie pratique, la théorie de Howard Gardner et pourquoi ?
- *Elle nous permet de différencier nos points forts de nos capacités. Elle nous permet de faire un meilleur choix de carrière.*

Questions de compréhension détaillées

1. Quelles formes d'intelligence sont évaluées par les tests de quotients intellectuels (QI) traditionnels?
- *L'intelligence abstraite (logique) et linguistique (verbale).*

2. Selon Gardner, quelles sont les différentes formes d'intelligence?
- *Verbale, logico-mathématique, interpersonnelle, intrapersonnelle, kinesthésique, spatiale, naturaliste, musicale et existentialiste.*

3. Quelle forme d'intelligence est privilégiée chez les scientifiques, les architectes et les psychologues ?

- *Les scientifiques : logico-mathématique*
- *Les architectes : spatiale et visuelle*
- *Les psychologues : intrapersonnelle*

4. Une personne qui apprend par le biais de l'expression corporelle possède quel genre d'intelligence?

- *L'intelligence kinesthésique.*

5. Selon vous, un bon professeur devrait posséder quelles formes d'intelligence ? (nommez-en au moins trois).

- *Les formes d'intelligence verbale, interpersonnelle et musicale.*

6. Selon le texte, est-il possible de développer tout au long de sa vie de nouvelles formes d'intelligence ? Comment ?

- *Oui, en faisant des exercices appropriés.*

7. Que devra faire un étudiant qui choisit une profession qui exige des aptitudes et des talents qu'il n'a pas naturellement? Pourra-t-il réussir et, si oui, à quel prix?

- *Il devra évaluer le degré d'effort à fournir et juger si cela en vaut la peine.*

8. Mis à part nos forces et aptitudes innées, quel autre facteur doit-on considérer dans le choix d'une profession?

- *Avoir un intérêt marqué pour tel ou tel domaine.*

9. Comment le fait de connaître la théorie des intelligences multiples de Gardner peut-il faciliter nos choix professionnels ?

- *Choisir une profession qui allie nos intérêts et nos aptitudes représente un grand avantage.*

10. En tenant compte de ce que vous venez de lire, quelles formes d'intelligence, selon vous, faciliteront l'apprentissage d'une langue étrangère ? Pour chaque forme d'intelligence choisie, dites comment elle vous servira dans votre processus d'apprentissage du français ?

- *L'intelligence verbale : avoir de la mémoire, aimer parler, raconter et écouter.*
- *L'intelligence interpersonnelle : aimer interagir avec les autres.*
- *L'intelligence musicale : pouvoir reconnaître, comprendre et reproduire des sons.*

3. Vocabulaire

1. À l'aide du contexte et de votre dictionnaire, expliquez en français le sens des mots ou groupes de mots en caractères gras retrouvés dans le texte, (choisissez deux mots ou expressions dans chacun des huit paragraphes).

2. Pratique orale du vocabulaire : Réponses personnelles.

   ● Travaillez deux par deux. À tour de rôle, posez les questions à votre partenaire. Vous devez répondre en utilisant les mots ou expressions soulignés.

Étudiant A

a) À ton avis et en fonction de la théorie de Gardner, quelles sont les formes d'intelligence les plus développées chez toi ?

b) Au secondaire, as-tu déjà passé des tests de QI ?

c) Dans quelles matières scolaires es-tu le (ou la) plus fort (forte) et le (ou la) plus faible ?

d) Quelles formes d'intelligence pourrais-tu améliorer ?

e) As-tu des aptitudes à reconnaître les émotions, les forces et les faiblesses des autres ?

Étudiant B

a) Si on pense au concept d'intelligences multiples, selon toi, où se situent tes forces et tes faiblesses ?

b) Que penses-tu des tests de quotient intellectuel traditionnels ? Sont-ils complets et fiables ?

c) Actuellement, dans tes études, où se situent tes forces et tes faiblesses ?

d) Parmi les nombreuses grilles d'intelligence qui ont été élaborées, que penses-tu de la théorie des intelligences multiples de Gardner ? Est-elle vraiment plus simple à comprendre et à appliquer ?

e) Quels facteurs ont influencé ton choix de carrière ? En d'autres termes, à quoi as-tu pensé en choisissant tes cours, à tes goûts personnels ou à tes forces et aptitudes ?

3. **Complétez les phrases suivantes avec des mots ou expressions de la liste ci-dessous. Le chiffre renvoie au texte. Faites les transformations grammaticales nécessaires.**

Simultanément	Limite
Avantage (ce mot revient deux fois)	Domaine
Capacité	Négliger
Mémoire	En fonction de
Se situer	

a) En termes de quotient intellectuel, il *se situe* au- dessus de la moyenne. (lignes 30, 31)

b) Cet élève ne progresse plus, il a atteint ses *limites*. (ligne 19)

c) Son *domaine* de spécialisation est très exigeant. (ligne 52)

d) Sa *mémoire* est phénoménale, il peut retenir le nom de tous ses étudiants en une semaine. (ligne 13)

e) L'*avantage* d'être bilingue c'est que l'on peut trouver un emploi plus facilement. (lignes 65, 86)

f) Cet étudiant est complètement inconscient, il *néglige* ses études et son travail. Il va se retrouver dans la rue seul et sans un sou. (ligne 80)

g) Lorsque l'on est fonctionnaire, on a beaucoup d'*avantages* sociaux. Les médicaments, les congés de maladie et les congés payés. (ligne 65)

h) Elle a la *capacité* de travailler et d'étudier *simultanément* Quelle personne courageuse ! (lignes 14 et 72)

i) Le professeur vous a dit d'étudier *en fonction des* critères énoncés dans son plan de cours. (ligne 79)

4. **Complétez les phrases suivantes avec des mots ou expressions qui se trouvent dans le texte en caractères gras. Le chiffre renvoie à la ligne correspondante. Faites les transformations grammaticales nécessaires.**

   a) Nous possédons toutes les formes d'intelligence et, ce, à divers *degrés*. (ligne 47)

   b) L'*interaction* continuelle entre le professeur et ses étudiants rend le cours très dynamique. (ligne 71)

   c) Connaître ses forces et ses faiblesses permet à l'individu de faire un choix de carrière plus *éclairé*. (ligne 78)

   d) J'ai *reconnu* sa voix dès les premières paroles. (ligne 11)

   e) Depuis quelques décennies, on parle beaucoup de l'impact que le *concept* des intelligences multiples peut avoir sur l'apprentissage. (ligne 83)

   f) Les *gens* heureux n'ont pas d'histoire. (ligne 29)

   g) Il *a besoin* d'étudier beaucoup pour réussir. S'il ne travaille pas, il échouera à tous ses cours. (ligne 28)

   h) Quel bon *organisateur* ! Sans lui, la soirée serait complètement ratée. (ligne 22)

   i) Elle a un très *sens de l'orientation*, après une longue promenade dans cette grande ville inconnue, elle a facilement retrouvé son hôtel. (ligne 33)

   j) Il est très grand, il *mesure* presque deux mètres. (ligne 2)

4. Expansion du vocabulaire

1. **Complétez les débuts de phrase, à gauche, en les reliant à des mots de la colonne de droite.**

   - Il fait appel
     à tous ses sens.

   - Ils organisent
     des soirées amusantes.

- L'édifice se situe
  à l'angle des rues Bronson et Bank.

- Le professeur se questionne
  sur la profondeur de ses propos.

2. **Référez-vous au texte *L'intelligence sous toutes ses formes* et dites à quelles formes d'intelligence ce type de personne doit faire appel :**

- Je fais souvent référence à la nature et à l'environnement. J'ai l'intelligence du vétérinaire, de l'océanographe, de l'écologiste, de l'explorateur, du chef cuisinier, du météorologue et du trappeur : *naturaliste*

- J'adore échanger avec mes pairs, apprendre en coopération et faire des simulations de groupe. Je suis un leader né et j'ai le sens de l'organisation. J'aimerais bien être sociologue, vendeur, infirmier, politicien ou professeur : *interpersonnelle*

- J'ai une bonne mémoire, le sens de l'humour et j'aime parler, écrire et expliquer. Je suis un apprenant auditif car j'ai plus de facilité à retenir ce que j'ai entendu qu'à mémoriser ce que j'ai vu. J'aimerais être avocat, poète écrivain, bibliothécaire ou acteur : *verbale*

- Selon moi, tout s'explique par la logique, j'aime les raisonnements scientifiques et je peux réaliser des calculs complexes. J'aimerais bien faire de la recherche en médecine, en informatique, en biologie ou en science pure. Je pourrais être ingénieur, enquêteur, juriste ou mathématicien : *logico-mathématique*

- Le lien entre mon corps et mon esprit est très fort ; j'apprends bien en utilisant tous mes sens, je suis très habile de mes mains et lorsque je parle, je fais beaucoup de gestes. Je suis une personne très sportive. Je ferais un bon mécanicien, chirurgien, entraîneur, chorégraphe ou bijoutier : *kinesthésique*

- Je préfère le travail individuel et solitaire au travail d'équipe ; je connais mes forces et mes faiblesses et je vais chercher de l'aide en cas de besoin. Je me dis que pour bien fonctionner avec les autres, il faut être conscient de ses émotions et savoir les contrôler. J'aimerais être écrivain, philosophe ou étudier les grandes religions : *intrapersonnelle*

- J'ai la capacité de penser en rythmes et en mélodies, je suis sensible à la musicalité des mots et des phrases. Je pourrais être poète, musicien, chef d'orchestre, ingénieur du son et accordeur de piano : *musicale*

● J'ai souvent besoin d'un dessin ou d'un graphique pour comprendre. J'aime l'art sous toutes ses formes et je m'oriente facilement. J'ai le sens des couleurs, j'aime décorer et je me souviens plus facilement avec des images. Je me verrais architecte, paysagiste, peintre, sculpteur ou metteur en scène : *spatiale et visuelle*

3. **Maintenant que vous connaissez la théorie des intelligences multiples, profitez de ce test pour évaluer quelles sont les formes d'intelligence qui sont le plus développées chez vous.**

À l'aide de l'échelle ci-dessous, donnez à chaque énoncé la note qui représente le mieux votre réponse et encerclez le chiffre. Faites ensuite le total de vos points pour chaque catégorie. Les quatre catégories qui totaliseront le plus de points sont vos quatre formes d'intelligence principales.

1. Pas du tout
2. Un peu
3. Moyennement
4. Beaucoup
5. Exactement

Intelligence verbale/ linguistique

● J'aime les jeux de mots et autres blagues du genre.   1-2-3-4-5

● Je me sens bien dans le monde de la langue et des mots, j'en tire un renforcement positif.   1-2-3-4-5

● J'aime faire des mots croisés et jouer à des jeux comme le *Scrabble*.   1-2-3-4-5

● Je me souviens mot pour mot de ce que les gens me disent.   1-2-3-4-5

● J'aime participer à des débats ou à des discussions.   1-2-3-4-5

● Je préfère les questions à développement plutôt que celles à choix multiples.   1-2-3-4-5

● J'aime tenir un journal intime, écrire des histoires ou des articles.   1-2-3-4-5

● J'aime beaucoup lire.   1-2-3-4-5

Intelligence logique/mathématique

- Je travaille mieux lorsque j'ai un plan de travail organisé.   1-2-3-4-5

- J'aime les sciences et les mathématiques.   1-2-3-4-5

- Je fais toujours une liste des choses que j'ai à faire.   1-2-3-4-5

- J'aime jouer à des jeux de réflexion qui font appel à la pensée logique comme *Jeopardy* et *Clue*.   1-2-3-4-5

- J'aime savoir le pourquoi des choses et chercher des éclaircissements aux questions qui m'intéressent.   1-2-3-4-5

- Je travaille mieux avec un agenda ou un calendrier.   1-2-3-4-5

- Je saisis rapidement les relations de cause à effet.   1-2-3-4-5

- Mes estimations sont souvent justes.   1-2-3-4-5

Intelligence visuelle/spatiale

- Je comprends les combinaisons des couleurs et je vois lesquelles vont bien ensemble.   1-2-3-4-5

- J'aime faire des casse-tête (puzzles), des labyrinthes ou des jeux de patience.   1-2-3-4-5

- Je lis facilement les cartes géographiques.   1-2-3-4-5

- J'ai un bons sens de l'orientation.   1-2-3-4-5

- Dans un film, je m'intéresse surtout aux paysages et à l'action.   1-2-3-4-5

- Quand je dors, mes rêves me paraissent très réels.   1-2-3-4-5

- Je peux prévoir les mouvements et leurs conséquences dans un plan de jeu (au hockey, aux échecs).   1-2-3-4-5

- J'ai une mémoire surtout visuelle.   1-2-3-4-5

Intelligence interpersonnelle

- Je travaille mieux lorsque j'interagis avec les autres.   1-2-3-4-5

- Je préfère les sports d'équipe aux sports individuels.   1-2-3-4-5

- La présence des autres me donne de l'énergie.   1-2-3-4-5

- Je préfère les activités en groupe plutôt qu'en solitaire.   1-2-3-4-5

- J'aime connaître les autres cultures.   1-2-3-4-5

- Je parle de mes problèmes personnels avec mes amis.   1-2-3-4-5

- J'aime partager mes idées et mes sentiments avec les autres.   1-2-3-4-5

- Je travaille mieux dans un groupe où je peux discuter
avec les autres personnes de diverses questions.   1-2-3-4-5

Intelligence intrapersonnelle

- J'aime être seul(e).   1-2-3-4-5

- J'ai quelques amis proches.   1-2-3-4-5

- J'ai des opinions bien arrêtées sur des questions controversées.   1-2-3-4-5

- Je travaille mieux lorsque je peux le faire à mon rythme.   1-2-3-4-5

- Je ne me laisse pas influencer facilement par les autres.   1-2-3-4-5

- Je comprends bien ce que je ressens et comment je réagis
aux événements.   1-2-3-4-5

- Je me questionne sur mes valeurs et mes croyances.   1-2-3-4-5

- Je sais que je suis responsable de ce que je fais.   1-2-3-4-5

Intelligence corporelle/kinesthésique

- J'aime bouger, taper du pied et remuer lorsque je suis assis(e).   1-2-3-4-5

- J'aime les sports à sensations extrêmes comme la planche
à neige, le vélo de montagne ou le kayak de mer.   1-2-3-4-5

- Je suis curieux (se) sur le plan des sensations et
j'aime toucher les objets pour en sentir la texture.   1-2-3-4-5

- J'ai une bonne coordination.   1-2-3-4-5

- J'aime le travail manuel (faire la cuisine,
de la menuiserie, du bricolage, etc.).   1-2-3-4-5

- Je préfère participer physiquement plutôt que de regarder.   1-2-3-4-5

● Je comprends mieux si j'interagis, si je bouge et manipule
les objets.   1-2-3-4-5

● J'aime créer, faire des choses avec mes mains.   1-2-3-4-5

Intelligence musicale

● Je chante et joue de la musique dans ma tête.   1-2-3-4-5

● Pour me rappeler les choses, je compose des comptines.   1-2-3-4-5

● Il m'est facile de suivre le rythme d'une musique.   1-2-3-4-5

● J'aime mettre en musique une chanson ou un poème.   1-2-3-4-5

● Lorsque j'entends de la musique, je bats la cadence.   1-2-3-4-5

● Je perçois les fausses notes.   1-2-3-4-5

● J'aime m'engager dans des activités musicales.   1-2-3-4-5

● Je suis fier(e) de mes réalisations musicales.   1-2-3-4-5

Intelligence naturaliste

● Je collectionne les cartes de hockey, les coquillages,
les pierres, les tasses, etc.   1-2-3-4-5

● Je remarque les similarités et les différences entre
les arbres, les fleurs et autres éléments dans la nature.   1-2-3-4-5

● Je contribue activement à la protection de l'environnement.   1-2-3-4-5

● J'aime faire des fouilles et découvrir des objets
et d'autres choses inhabituelles.   1-2-3-4-5

● Je préfère être dehors plutôt que dans la maison.   1-2-3-4-5

● J'aime planter des fleurs et m'occuper d'un jardin.   1-2-3-4-5

● J'aime pécher et observer les animaux dans la forêt.   1-2-3-4-5

● La meilleure façon d'apprendre est d'aller en excursion,
de voir des expositions sur la nature, etc.   1-2-3-4-5

La traduction et la reproduction de ce questionnaire sont autorisées par Phyllis Reardon et Isabell Dyke de Carreers Through Multiple Intelligences Inc.

Apprendre : À Chacun son style

⊚ *2. Compréhension du texte*

Questions générales

1. Quel type de texte le titre semble-t-il annoncer ? Croyez-vous qu'il s'agit :

    a) d'un texte de fiction

    b) d'un écrit argumentatif

    c) d'un texte informatif : *informatif*

2. Trouvez un autre titre à cet article. *(réponse personnelle)*

3. En combien de parties le texte est-il divisé et quels en sont les sous-titres ? *(6 parties : Introduction, Les styles d'apprentissage, Apprendre avec qui ? Apprendre avec quoi ? Apprendre comment ? Un style qui change)*

Questions de compréhension détaillées

1. Dès notre plus jeune âge, qu'apprenons-nous à l'école ?
    - *À lire, à écrire, à compter, on y apprend les règles de grammaire, les opérations mathématiques.*

2. Selon l'auteur, qu'est-ce qui commence dès nos premiers balbutiements ?
    - *Notre apprentissage et nos découvertes.*

3. Dans l'introduction, l'auteur compare un peintre à un apprenant, dites pourquoi ?
●   *À mesure que l'on apprend le français on développe son propre style d'apprentissage comme le peintre qui perfectionne son art.*

4. Dans le 2ième paragraphe, on décrit les étapes du processus d'apprentissage, lesquelles ?
●   *On perçoit, on enregistre, on traite, on analyse et on retient ce qui nous parvient.*

5. Comment concrètement notre style d'apprentissage peut-il influencer notre vie ?
●   *Il influence notre façon de travailler avec les autres, détermine notre manière de résoudre les problèmes et induit les attitudes et les comportements qui expliquent nos préférences.*

6. Relevez dans les paragraphes trois, quatre et cinq les facteurs qui peuvent faciliter ou nuire à notre apprentissage :
●   *La provenance de l'information, nos préférences pour un type d'encadrement, on peut être auditif ou/et visuel, l'utilisation personnelle de nos autres sens (toucher, goûter, bouger, etc.)*

7. Expliquez brièvement en vos propres mots ce que veut dire l'auteur quand il écrit : « Nos préférences pour un type d'encadrement constituent une des caractéristiques associées à notre style d'apprentissage. » (3ième paragraphe)
●   *Ma façon personnelle d'accéder à des connaissances est un reflet de ma personnalité.*

8. Quelle phrase du texte indique qu'un apprenant peut être auditif et visuel dépendamment de la matière à voir ou des problèmes à résoudre ? (4ième paragraphe)
●   *On peut avoir développé une approche auditive pour ce qui concerne les mots et le vocabulaire et avoir une approche visuelle dès qu'il est question de mathématiques.*

9. Que veut dire l'auteur lorsqu'il écrit : ". . . bien que certains ne perçoivent rien d'autre à la fin de la session !" (5ième paragraphe)
●   *À la fin d'une session, on est obsédé par les lettres et les chiffres à cause de tous les travaux à rédiger et de tous les examens à préparer. On pense en termes d'échec ou de réussite.*

10. Quelles sont les différences entre un apprenant inductif et un apprenant déductif ? (5ième paragraphe)
●   *Un déductif analyse des modèles et des expériences pour en extraire des concepts, des idées qui augmenteront ses connaissances tandis que l'inductif aime découvrir de nouvelles possibilités en expérimentant, en élaborant de nouveaux points de vue à sa façon.*
●   *Le déductif ne veut pas savoir où il peut aller mais d'où il vient ; l'inductif préfère savoir à quoi servent les connaissances plutôt que de savoir comment ça fonctionne.*

2.1 Vrai ou Faux ?

Indiquez si d'après le texte de Christian Bégin l'énoncé est vrai (v) ou faux (f) dans l'espace qui vous est fourni.

1. Notre propre style d'apprentissage s'est constitué dès notre arrivée à l'école primaire. *F*

2. L'idée principale du 2ième paragraphe peut se résumer ainsi : Nos stratégies personnelles permettant d'accéder à de nouvelles connaissances reflètent différents aspects de notre personnalité. *V*

3. Préférer travailler seul(e) plutôt que dans un groupe révèle le type d'encadrement qui nous convient le mieux. *V*

4. La différence entre apprenant auditif et visuel se situe dans la façon de rendre significatif l'apprentissage de nouvelles connaissances et de l'intégrer à ce que nous savons déjà. *V*

5. Une même personne peut utiliser des styles d'apprentissage différents selon la matière enseignée. *V*

6. Un apprenant qui préfère les réflexions théoriques plutôt que le travail en laboratoire et les manipulations concrètes décode l'information et acquiert des savoirs plus rapidement. *F*

7. Observer, tenir compte des expériences passées, s'intéresser à l'origine et à la justesse des idées sont autant de comportements qui relèvent de l'induction. *F*

8. Les bruits, les odeurs, les mouvements et les gestes sont des facteurs importants qui permettent d'accélérer le processus d'apprentissage. *V*

9. À l'âge adulte, il est impossible de modifier notre façon personnelle d'apprendre qui s'est construite au fil des années. *F*

10. Un bon professeur doit être en mesure de s'adapter aux divers styles d'apprentissage en variant ses méthodes d'enseignement. *V*

3. Vocabulaire

1. **À l'aide du contexte et de votre dictionnaire, expliquez en français le sens des mots ou groupes de mots en caractères gras retrouvés dans le texte (choisissez deux mots par paragraphe, il y a huit paragraphes).**

2. **Pratique orale : Réemploi du vocabulaire   Réponses personnelles.**

   ● Travaillez deux par deux. À tour de rôle, posez les questions à votre partenaire. Vous devez répondre en utilisant les mots et expressions soulignés.

Étudiant A

   a) À ton avis, quelles qualités sont essentielles pour réussir l'apprentissage d'une langue étrangère ?

   b) Dans quelle(s) discipline(s) universitaire(s) éprouves-tu de la difficulté ?

   c) Acceptes-tu facilement de changer d'idée si on te prouve que tu as tort ?

   d) Quel genre d'apprenant es-tu, plus visuel ou davantage auditif ? Donne un exemple ou deux afin de justifier ta réponse :

   e) Pour étudier la matière d'un cours, quel type d'encadrement préfères-tu ? Travailler seul(e) ou travailler en équipe ? Pourquoi ?

Étudiant B

   a) Quel type de professeur est-ce que tu préfères ?

   ● Un professeur qui a le souci constant de faire participer le groupe, qui intervient très peu et se contente de répondre aux questions.
   ● Un professeur qui fait confiance aux étudiants, qu'on perçoit comme une personne- ressource, qui privilégie le travail en groupes et qui fournit des documents de qualité bien adaptés au niveau.
   ● Un professeur qui fait des exposés structurés, qui annonce ses objectifs clairement et qui privilégie l'enseignement magistral face au groupe.

b) Est-ce que tu fais beaucoup de <u>gestes</u> lorsque tu converses avec tes amis(es) ?

c) À la maison, quelles <u>tâches</u> domestiques te pèsent le plus, est-ce que tu les considères comme des <u>corvées</u> ?

d) As-tu parfois des idées <u>originales</u> ? Laquelle ou lesquelles as-tu eue(s) dernièrement ? (dans le texte, <u>originalité</u>, ligne 70)

e) Dans la vie en général, qu'est-ce-qui te procure le plus de <u>satisfaction</u> et de plaisir ?

3. **Complétez les phrases suivantes avec des mots ou expressions qui se trouvent en caractères gras. Le chiffre renvoie à la ligne appropriée dans le texte. Faites les transformations grammaticales nécessaires.**

a) En hiver, il faut *tenir compte* de la température, avant de planifier une sortie à l'extérieur. **(ligne 41)**

b) Ce problème est *complexe*, je vais faire une recherche avant d'y répondre. **(ligne 34)**

c) Mes *connaissances* dans ce domaine sont très limitées. **(ligne 48)**

d) L'*originalité* de cet étudiant me surprend toujours. Il a des idées incroyables! **(ligne 70)**

e) Je ne pourrai jamais avoir cet emploi ; je n'ai aucune *expérience* dans le domaine de la restauration. **(ligne 76)**

f) En première année universitaire, nous sommes souvent confrontés à des *situations* difficiles. **(ligne 77)**

g) J'ai visité plusieurs pays, c'est l'Italie qui a ma *préférence* ! **(ligne 51)**

h) Il nous reste plusieurs *étapes* à franchir avant d'arriver au sommet de cette montagne. **(ligne 60)**

i) Tu peux *utiliser* mon dictionnaire bilingue, je n'en ai plus besoin. **(ligne 55)**

j) Elle se *perfectionne* en art dramatique en suivant des cours du soir à l'université. **(ligne 5)**

4. **Complétez les phrases à l'aide d'un mot de la liste ci-dessous. Faites les transformations grammaticales nécessaires. Le chiffre renvoie à la ligne correspondate dans le texte.**

Découverte	Style
Percevoir	Favoriser
Camarade	Monde
Transmettre	Habituellement
Étape	Maîtriser

a) Lorsque j'aurai terminé mes études, je rêve de faire le tour du *monde*. (ligne 45)

b) Elle ne *maîtrise* pas du tout les règles grammaticales, elle devra reprendre son cours de français l'année prochaine. (ligne 85)

c) Cet explorateur a fait des *découvertes* qui ont changé la face du monde. (ligne 3)

d) Mon *camarade* de chambre travaille beaucoup. Il n'a aucune distraction. (ligne 23)

e) Ce professeur aime *transmettre* son savoir. Ses étudiants l'apprécient énormément. (ligne 40)

f) À chacun son *style* vestimentaire. Moi, je préfère le confort à l'élégance. (ligne 8)

g) Hier soir, les juges *ont favorisé* ce candidat à cause de son excellente performance en patinage artistique. (ligne 18)

h) *Habituellement*, j'étudie de dix-huit heures à vingt heures tous les soirs de la semaine. (ligne 34)

i) Pour arriver à un résultat satisfaisant, il faut procéder *étape* par étape. (ligne 60)

j) On *perçoit* la réalité différemment les uns des autres dépendamment de notre style d'apprentissage. (ligne 9)

4. Expansion du vocabulaire

1. Trouvez le verbe qui correspond aux noms suivants, puis conjuguez-le au temps présent du mode indicatif. Le chiffre renvoie à la ligne correspondante dans le texte.

Balbutiement	balbutier	il	Il balbutie	ligne 4
Perception	percevoir	elle	Elle perçoit	ligne 9
Perfection	(se)perfectionner	vous	Vous (vous)perfectionnez	ligne 5
Avancement	avancer	on	On avance	ligne 24
Préférence	préférer	nous	Nous préférons	ligne 13

2. Trouvez des mots de même famille que les mots suivants extraits du texte. Aidez-vous d'un dictionnaire si nécessaire.

Facilement	facile	faciliter	ligne 22
Apprenant	appris(e)	apprendre	ligne 8
Photographier	photographie	photographe	ligne 83
Conscience	conscient(e)	(se)conscientiser	ligne 84
Liberté	libre	(se)libérer	ligne 68

3. Associez le mot de la colonne A à sa définition dans la colonne B en traçant une ligne de A à B.

A		B
Richesse *1*		Profit *3*
Point de vue *2*		Transformer *5*
Rendement *3*		Différencier *4*
Distinguer *4*		Fortune *1*
Modifier *5*		Opinion *2*

4. **Trouvez dans la colonne B les antonymes des termes de la colonne A. Mettez la lettre correspondant à votre choix dans l'espace qui vous est fourni.**

   A   B

   1. Difficulté *c*   a) Incompréhension

   2. Motivant *d*   b) Diminution

   3. Informer *e*   c) Facilité

   4. Compréhension *a*   d) Décourageant

   5. Augmentation *b*   e) Taire

5. *Pour réussir à l'université, il vous sera bien plus utile de connaître votre style d'apprentissage que de vous donner un style vestimentaire. Répondez aux questions de ce test. Réponses personnelles.*

Quel est ton style d'apprentissage ?

L'attention, la réflexion et la mémoire sont essentielles à tout apprentissage. Mais saviez-vous que tous les individus n'apprennent pas de la même manière ? Ainsi, une méthode de travail qui convient très bien à une personne peut ne pas convenir du tout à une autre. De là, l'importance de bien cerner votre propre façon d'apprendre. **Répondez aux questions de ce test. On vous donnera ensuite une clé qui vous permettra d'interpréter vos réponses.**

1. **Je choisis de préférence une activité parascolaire . . .**

   a) qui me permet de développer des habiletés précises.
   b) qui s'apparente à une activité que j'aime faire.
   c) qui me permet de créer des choses nouvelles.

2. **Pour faire un travail, je demande des conseils . . .**

   a) avant de le commencer.
   b) au fur et à mesure que je me pose des questions.
   c) seulement si c'est vraiment nécessaire.

3. **Quand une discussion de groupe s'écarte du sujet . . .**

   a) j'interviens pour qu'on revienne au sujet de la discussion.
   b) je laisse aller les choses si je connais le nouveau sujet.
   c) je laisse aller les choses si le nouveau sujet m'intéresse.

4. **Pour former une équipe de travail, je choisis des étudiants . . .**

    a) qui travaillent de façon méthodique.
    b) qui ont les mêmes méthodes de travail que moi.
    c) qui ont des méthodes de travail différentes des miennes.

5. **Lors d'un congé, j'aime . . .**

    a) mettre de l'ordre dans mes affaires.
    b) m'adonner à mes activités préférées.
    c) faire des choses qui sortent de l'ordinaire.

6. **Pour pratiquer un sport ou faire un travail . . .**

    a) je mets en pratique les conseils des experts.
    b) je procède à ma façon.
    c) j'imagine de nouvelles façons.

7. **Pendant les cours, je comprends mieux si le professeur . . .**

    a) procède étape par étape.
    b) fait des liens avec la matière que je connais.
    c) illustre la matière de plusieurs façons différentes.

8. **Je préfère les examen où . . .**

    a) on doit appliquer une démarche apprise en classe.
    b) on doit appliquer telle quelle la matière enseignée.
    c) on doit exprimer son opinion.

9. **Lorsque j'achète un article de loisir . . .**

    a) je me renseigne sur sa solidité et sa fiabilité.
    b) j'en choisis un qui ressemble à ceux que je possède déjà.
    c) je choisis l'article le plus original.

10. **Lors de jeux d'équipe . . .**

    a) je prends plaisir à apprendre chaque règle avant de jouer.
    b) je ne joue que si je connais les règles du jeu.
    c) j'apprends les règles en jouant.

11. **Quand je remets un travail à mon professeur je veux surtout que ma copie . . .**

    a) expose clairement toutes les connaissances que j'ai du sujet.
    b) ne contienne pas de fautes.
    c) soit bien présentée.

La Théorie

12. **Si une chose se brise (un jouet, un outil . . .), j'essaie de la réparer.**

    a) oui.
    b) non.

13. **Lorsque j'achète un article en pièces détachées, je suis capable de l'assembler sans aide.**

    a) oui.
    b) non.

14. **Dans des activités comme lancer un ballon, l'attraper, danser, faire des sauts . . .**

    a) je suis plutôt habile.
    b) je suis souvent gauche.

15. **Lors d'activités sportives, je m'applique à suivre les techniques enseignées pour réussir les mouvements le mieux possible.**

    a) oui.
    b) non.

Troisième partie : Pratique

16. **J'ai plus de facilité à imiter . . .**

    a) les voix.
    b) les gestes et les mimiques.

17. **Pour créer une ambiance particulière, ce qui compte le plus, c'est . . .**

    a) la musique.
    b) le décor.

18. **Pour m'informer, je préfère les émissions . . .**

   a) de radio.
   b) de télévision.

19. **Pour apprendre à utiliser un nouvel appareil . . .**

   a) je demande des explications à une personne qui connaît bien son fonctionnement.
   b) je lis attentivement la fiche technique qui l'accompagne.

20. **Après une émission intéressante . . .**

   a) j'en discute avec des personnes de mon entourage.
   b) je lis des articles ou des livres sur le sujet.

21. **Quand je me présente à un examen, je préfère recevoir les consignes . . .**

   a) oralement.
   b) par écrit.

22. **À l'université, je préfère présenter un travail de recherche . . .**

   a) oralement.
   b) par écrit.

23. **Je préfère calculer . . .**

   a) mentalement.
   b) par écrit.

Clé d'interprétation des réponses au test

Première partie LE TRAITEMENT DE L'INFORMATION

Majorité de a) : Tu es méthodique. Tu fonctionnes étape par étape, à partir de points de repère, de catégories et de définitions afin d'avoir une vue d'ensemble du travail. Tu as donc avantage à bien écouter les consignes, à noter les mots clés et à élaborer de bons plans de travail.

Majorité de b) : Pour apprendre, tu as tendance à établir des liens avec ce que tu connais déjà. Tu pars de ce que tu sais, sans plan défini, et tu t'appropries de plus en plus d'informations à partir de ton expérience. Fais donc en sorte de te rappeler le plus possible tes connaissances antérieures. Et garde toujours à l'esprit l'essentiel de la tâche pour ne pas trop disperser tes efforts.

Majorité de c) : Tu cherches des façons de procéder nouvelles et originales. Tu es sensible à la nouveauté, aux contrastes, aux effets surprenants. Lance-toi dans des activités qui te laissent une bonne marge de manœuvre, mais n'oublie surtout pas de suivre les consignes.

Deuxième partie : LA THÉORIE

Majorité de a) : Lors d'activités d'apprentissage, ton habileté s'accroît lorsque tu agis, lorsque tu manipules les objets. Tu as donc avantage à intégrer à ton étude des activités pratiques qui compléteront les cours théoriques.

Majorité de b) : Tu décodes les informations de façon plutôt théorique. Tu préfères lire ou écouter plutôt que de faire des manipulations. Très bien . . . mais tu devras bien sûr effectuer des manipulations de temps à autres.

Troisième partie : LA PRATIQUE

Majorité de a) : Tu as surtout développé des habiletés d'auditeur ou d'auditrice. Tu interprètes ton environnement par le biais de ce que tu entends et de ce que tu dis ou de ce que tu te répètes.

Majorité de b) : Tu as surtout développé des habiletés reliées à l'écriture. Tu retiendras mieux ce que tu auras d'abord lu ou écrit. Prends beaucoup de notes, relis-les régulièrement et visualise ce que tu as à retenir.

Pourquoi étudier?

◎ *2. Compréhension du texte*

Questions générales

1. Qui sont les auteurs de ce texte? Quel poste occupent-ils à l'université?

- *Claude Pratte et Francine Audet.*

- *M. Pratte : directeur du service d'orientation et de consultation psychologique. Mme Audet : conseillère d'orientation.*

2. Quel autre titre donneriez-vous à cet article? *Réponse personnelle.*

3. De quel genre de texte s'agit-il? *D'un résumé critique*

- d'un résumé objectif
- d'un résumé critique

Questions de compréhension détaillées

1. À quel moment a eu lieu le débat en éducation sur le thème *"Pourquoi étudier?"* ?

- *Pendant la semaine de l'orientation et de l'emploi.*

2. Le débat oppose deux points de vue, lesquels?

- *Faire des études dans un but utilitaire.*

- *Faire des études par amour de la connaissance.*

3. Expliquez en vos propres mots les deux objectifs suivants :

   ● Étudier pour des raisons utilitaires. : *Afin de trouver un bon emploi, faire des études dans un but pratique.*

   ● Étudier pour le plaisir de la connaissance : *Apprendre pour le plaisir d'apprendre, par passion sans but précis.*

4. En vous référant au deuxième paragraphe, dites quelle est la différence entre une formation générale et une formation spécialisée.

   ● *La formation générale ne mène pas à une activité professionnelle précise tandis que la formation spécialisée débouche sur une profession comme la médecine, le droit ou le journalisme.*

5. Relevez dans le deuxième paragraphe des exemples de formation générale et d'autres de formation spécialisée :

   ● *Formations générales : les études en lettres ou en sciences humaines.*

   ● *Formation spécialisée : les études en médecine.*

6. Selon les auteurs, quel est l'avantage d'une formation générale?

   ● *Elle expose l'étudiant à des connaissances et à des habiletés qu'il pourra approfondir par la suite.*

7. Comment la connaissance peut-elle nous donner plus de contrôle sur notre vie et notre environnement? (3ième paragraphe)

   ● *Elle développe notre esprit critique et augmente notre niveau de conscience, conséquemment, notre pouvoir de contrôler notre vie et notre environnement.*

8. Quelle phrase du texte semble approuver les arguments avancés pendant le débat et énonce clairement les raisons pour lesquelles les étudiants choisissent de faire des études universitaires? (4ième paragraphe)

   ● *"Ces propos sont tous valables et reflètent avec justesse les motifs qui incitent des milliers d'étudiants à entreprendre ou à poursuivre des études universitaires."*

9. Pourquoi selon les auteurs est-il si important de réfléchir avant d'entreprendre des études universitaires? (4ième paragraphe)

   ● *Les raisons d'étudier des autres ne sont pas nécessairement les nôtres, il faut trouver ce qui nous motive vraiment et connaître nos sources de satisfaction et nos objectifs de vie. On peut réussir sa vie professionnelle sans études universitaires.*

10. Entre quels courants opposés l'étudiant actuel est-il tiraillé?

 ● *D'un côté, on invite les étudiants à entrer rapidement dans le monde de la consommation de biens matériels et d'un autre côté, on ne jure que par la scolarisation sans fin où l'on valorise l'excellence pour s'assurer une première place dans la mondialisation des marchés.*

11. Les auteurs concluent par une série d'interrogations destinées aux étudiants : quelles sont-elles.? Citez-en au moins cinq.

 ● *Ai-je une vision strictement utilitaire de mes études?*

 ● *Est-ce que j'aime tellement mon domaine que j'en oublie de regarder où mes études me conduisent?*

 ● *Lorsque je prends une décision qui concerne mon avenir, est-ce que je m'arrête afin de considérer la situation sous tous ses aspects?*

 ● *Est-ce que j'ai tendance à me limiter à certaines dimensions m'amenant à faire des choix qui deviennent vite insatisfaisants?*

 ● *Est-ce que je suis capable d'avoir une vision à long terme?*

 ● *Puis-je m'imposer des sacrifices en vue d'une satisfaction ultérieure plus grande?*

 ● *Suis-je porté(e) à tout vouloir tout de suite?*

 ● *Puis-je accepter des niveaux de satisfactions intermédiaires qui peuvent m'aider à persévérer?*

2.1 Vrai ou Faux ?

Indiquez si d'après le texte l'énoncé est vrai (V) ou faux (F).

1. Persister dans ses études est l'unique moyen de réussir sa vie professionnelle. *F*

2. Se délecter intellectuellement signifie apprendre par plaisir. *V*

3. La vie n'est jamais banale. *F*

4. La crise financière peut aider les étudiants. *V*

5. La mondialisation des marchés assure toujours la prospérité économique. *F*

3. Vocabulaire

1. À l'aide du contexte et de votre dictionnaire, expliquez en français le sens des mots ou groupes de mots inscrits en caractères gras dans le texte (choisissez un mot dans chacun des dix paragraphes).

2. Pratique orale : Réemploi du vocabulaire

   ● Travaillez deux par deux. À tour de rôle, posez les questions à votre partenaire. Vous devez répondre en utilisant les mots ou expressions soulignés. Faites des transformations grammaticales si nécessaire.

Étudiant A

a) Qu'est-ce que tu étudies à l'université? Est-ce que tu poursuis une formation générale ou spécialisée?

b) Quel genre de travail aimerais-tu faire à la fin de tes études? Quel genre de domaine t'intéresse?

c) As-tu déjà participé à un débat? Si oui, où était-ce et quand a-t-il eu lieu?

d) Est-ce que la crise financière actuelle affecte ton train de vie (life style)?

e) Es-tu un (e) grand (e) consommateur (trice) de biens matériels?

Étudiant B

a) Est-ce que tu fais des études universitaires dans un but utilitaire ou pour le simple plaisir de la connaissance pour la connaissance?

b) Selon toi, l'université est-elle un passage obligé pour réussir sa vie professionnelle?

c) Quelles valeurs morales te guident dans la vie en général?

d) Qu'est-ce que le bonheur pour toi? Comment le définirais-tu en une phrase ou deux.

e) Est-ce que tu as tendance à remettre à demain ce que tu peux faire aujourd'hui?

3. **Complétez les phrases suivantes avec des mots ou des expressions qui se trouvent en caractères gras dans le texte. Le chiffre renvoie à la ligne correspondante dans le texte. Faites les transformations grammaticales nécessaires.**

   a) Je suis toujours perdu (e), je n'arrive pas à m' *orienter* dans une ville inconnue. **(ligne 2)**

   b) Le professeur *approfondit* la matière au programme en y ajoutant des documents pertinents. **(ligne 13)**

   c) D'une part, il travaille pour économiser un peu d'argent.*D'autre part*, travailler l'empêche de réussir ses études. **(ligne 14)**

   d) Qu'est-ce qui *incite* des milliers de personnes à poursuivre des études postsecondaires? **(ligne 34)**

   e) Sa *réussite* financière lui permet de voyager partout dans le monde. **(ligne 25)**

   f) Lorsque tu fais un travail, *précise* toujours tes sources. **(ligne 27)**

   g) Elle a été *gravement* malade. Tous ses amis étaient très inquiets. **(ligne 30)**

   h) Plus les parents *se désengagent*, plus l'étudiant doit se trouver un petit boulot. **(ligne 34)**

   i) La *tenue* de tels propos me semble tout à fait déplacée. **(ligne 54)**

   k) La seule chose qui *compte* pour moi, c'est de réussir cet examen à tout prix. **(ligne 67)**

4. **Complétez les phrases à l'aide d'un mot ou d'une expression de la liste ci-dessous. Faites les transformations grammaticales nécessaires. Le chiffre renvoie à la ligne appropriée dans le texte.**

Connaissance	Expérience
Objectif	Conscience
Banal	Se distinguer
Justesse	Scolarisation
Faire la part des choses	Pervers

a) Tout ce qu'elle dit est tellement *banal* que je tombe de sommeil et d'ennui chaque fois qu'elle ouvre la bouche. **(18)**

b) Les psychiatres ne viennent pas toujours à bout des pires *pervers* qui restent un danger pour la société. **(49)**

c) La *justesse* de ses propos m'impressionne beaucoup. **(22)**

d) Ses *objectifs* à long terme seront difficiles à atteindre. **(28)**

e) Tu ne *fais pas la part des choses*, rien n'est jamais ou tout blanc ou tout noir, il faut savoir nuancer. **(54)**

f) Je ne crois pas à la *scolarisation* sans fin. Il est possible de s'accomplir ailleurs que dans les études. **(42)**

g) Ces individus n'ont aucune *conscience* morale. Ils ne pensent qu'à l'argent et se moquent des inégalités sociales. **(20)**

h) Son accident de voiture a été pour lui une *expérience* traumatisante. **(17)**

i) Elle *se distingue* des autres participants par son sens de l'humour et sa vivacité d'esprit. **(10)**

j) Ses *connaissances* dans le domaine de la littérature sont très limitées. **(14)**

5. **À l'aide du contexte et de votre dictionnaire, expliquez en français le sens des expressions en italique dans les phrases suivantes. Le chiffre renvoie à la ligne où se trouve l'expression dans le texte.**

a) *Peu importe,* si la formation est plus générale . . . **(7)**
   - *Ça n'a pas beaucoup d'importance ...*

b) *D'où* la nécessité de réfléchir à ce qui nous motive . . . **(26)**
   - *C'est pourquoi il faut réfléchir ...*

c) Leur entrée dans le monde des consommateurs se fait *aux dépens* de la réalisation de projets plus satisfaisants à long terme. **(37)**
   - *En sacrifiant la réalisation.... au détriment de la réalisation ...*

d) Des étudiants persistent dans des études *ayant de moins en moins de* sens pour eux. **(51)**

⬤ *Des études qui perdent de leur sens peu à peu …*

e) Suis-je porté à tout vouloir *tout de suite?* **(64)**

⬤ *À tout vouloir maintenant …*

6. **Faites des phrases d'au moins dix mots illustrant bien le sens et les règles d'emploi des termes suivants. Faites tout changement grammatical nécessaire. Exemples de réponses.**

a) coup d'envoi **(ligne 1)**

⬤ *Le lancer du javelot a marqué le coup d'envoi de ces olympiades.*

b) chacun(e) **(ligne 2)**

⬤ *Chacun des invités aura sa part du gâteau.*

c) d'une part, d'autre part **(lignes 5 et 14)**

⬤ *D'une part, il adore son emploi mais d'autre part, il en revient toujours épuisé.*

d) meilleur(e) **(ligne 7)**

⬤ *En natation, il est meilleur que son frère.*

e) but **(ligne 9)**

⬤ *Son seul but c'est de réussir dans la vie.*

f) par contre **(ligne 12)**

⬤ *J'adore étudier, par contre, je n'aime pas le faire tard dans la nuit. J'aime bien sa mère, par contre, je ne m'entends pas avec son père.*

g) par la suite **(ligne 13)**

⬤ *Elle a travaillé au gouvernement pendant quelques années, par la suite, elle est retournée aux études.*

h) intellectuel(le) **(ligne 16)**

⬤ *Lire Jean-Paul Sartre, quel défi intellectuel! Les intellectuels gagnent leur vie en pensant.*

i) davantage **(ligne 20)**

⬤ *J'adore la tarte aux pommes, donne-m'en davantage.*

j) tellement **(ligne 58)**

⬤ *Elle aime tellement lire qu'elle en oublie de manger.*

7. **Choisissez parmi les mots suivants celui qui correspond à la définition donnée. Le chiffre renvoie à la ligne où se trouve le mot dans le texte.**

Banal(e)(18)   Poursuite (31)
Goûter (14)   Force (35)
Propos (22)   Passage (25)
Réfléchir (27)   Obliger (25)
Défenseur (47)   Définir (68)

a) *poursuite* : Effort pour atteindre un but qui semble inaccessible.

b) *définir* : Indiquer ou expliquer avec précision ce qu'est quelque chose ou quelqu'un.

c) *banal* : Très ordinaire et sans originalité.

d) *défenseur* : Personne qui se donne pour mission de soutenir une cause.

e) *goûter* : Profiter de l'avantage ou du plaisir procuré par quelque chose. Éprouver avec plaisir une sensation. Savourer.

f) *force* : Capacité physique ou morale de résister à l'adversité.

g) *passage* : Endroit par où il est inévitable de passer.

h) *propos* : Paroles dites au sujet de quelque chose ou quelqu'un.

i) *obliger* : Mettre dans une situation où la seule possibilité est de faire quelque chose.

j) *réfléchir* : Utiliser sa faculté de penser ou de décider.

◎ *4. Expansion du vocabulaire*

1. Trouvez des mots de même famille que les mots suivants extraits du texte. Aidez-vous d'un dictionnaire si nécessaire.

Ex : Orientation	orienter	orienteur	Ligne 2
Expérience	expérimenter	expérimental(e) expérimenteur(trice)	Ligne 17
Incertain	incertitude	certain/certaine	Ligne 45
Connaissance	connaître	connaisseur(se) connu(e) méconnaissance	Ligne 13
Empressement	empresser	empressé(e)	Ligne 36

2. Trouvez un ou des synonymes aux mots/expressions suivants. Aidez-vous d'un dictionnaire si nécessaire.

Ex : Orienter	Guider, diriger
Avoir de l'expérience	Être expérimenté(e), connaître
Incertain	Indéterminé(e), indéfini(e)
Connaissance	Conscience, savoir
Empressement	Empathie, hâte, enthousiasme

3. Trouvez un ou des antonymes aux mots/expressions suivants. Aidez-vous d'un dictionnaire si nécessaire.

Ex : Spécialisé(e)	Générale(e)
Avoir de l'expérience	Être inexpérimenté(e), manquer d'expérience
Incertain	Certain(e), sûr(e)
Connaissance	Ignorance, méconnaissance
Empressement	Lenteur, apathie, nonchalance

4. **Formez des phrases en associant chaque segment de gauche au segment approprié de la colonne de droite.**

   - La formation spécialisée mène *1*   dans une autre université. *3*
   - Le bonheur c'est *2*   notre esprit critique. *5*
   - Je vais poursuivre mes études *3*   à une profession. *1*
   - En français, elle est *4*   un état de plénitude. *3*
   - La conscience développe *5*   de niveau intermédiaire. *4*

5. **Lisez les phrases suivantes et inscrivez la forme correcte du verbe *faire* au temps/mode qui convient.**

   a) Il *fait* ce qu'il peut.

   b) Hier soir, elle *a fait* son travail en une heure.

   c) Son laisser-*faire* me surprend toujours.

   d) Laisse-les *faire* ce qu'ils veulent.

   e) Il faut *faire* des recherches avant de commencer une dissertation.

6. **Associez un ou des compléments appropriés au verbe suivant.**

   Exemples :   *Permettre (quelque chose)* : *permettre une meilleure* compréhension.

   Permettre (de faire quelque chose) : *permettre de mieux comprendre.*

   a) réussir : *un cours* réussir à : *partir*

   b) goûter : *sucré/amer* goûter à : *la vie / au gâteau/ à la tarte*

   c) entreprendre : *ses études/ des recherches*

   d) éprouver : *de la tristesse, de la joie/ du remords*

   e) s'améliorer : *en français*

7. À l'aide du contexte et de votre dictionnaire, complétez les phrases à l'aide d'un mot de la liste ci-dessous. Le même mot peut revenir plusieurs fois et prendre des significations différentes d'une phrase à l'autre. Faites les transformations grammaticales nécessaires. Le chiffre indique combien de fois le mot revient dans une des phrases suivantes.

Tant (4)	Tel(le) (3)
Soi (2)	Lier (2)
Rendre (2)	Parcours (2)
Prendre (2)	Souligner (2)
Faire (5)	Sort (2)

a) L'image que l'on donne de *soi* est souvent différente de ce que l'on est vraiment.

b) L'amitié qui les *lie* est très forte!

c) Il « *fait* la gueule" chaque fois qu'on lui demande de travailler (expression argotique utilisée en langue parlée).

d) Que *fais*-tu dans la vie?

e) L'estime de *soi* en prend un coup à chaque échec.

f) *Tel* père tel fils! *Telle* mère telle fille!

g) Il *a pris* la mauvaise route.

h) *Faites* vite s'il vous plaît.

i) Elle a *fait* le point dans sa vie.

j) Un *tel* comportement est inacceptable.

k) Ce roman l'a *rendu* célèbre.

l) Ce film *rend* bien l'atmosphère de l'époque.

m) Je *prends* beaucoup de notes pendant le cours.

n) *Soulignez ou souligne* d'un trait tous les verbes au temps présent.

o) Les caractères gras *soulignent* l'importance des mots.

p) Son échec à l'examen est un accident de *parcours*.

q) L'autobus suit son *parcours* sans arrêt jusqu'à Montréal.

r) Êtes-vous satisfaite de votre *sort*?

s) Le jury a délibéré, l'accusé est fixé sur le *sort* qui l'attend.

t) Dès que je suis arrivée chez lui, il m'a fait *faire* le tour du jardin.

u) Il a très bien réussi. *Tant* mieux! Je suis contente pour lui.

v) J'ai raté deux de mes cours. *Tant* pis! C'est de ma faute, j'aurais dû travailler davantage.

w) Les billets coûtent *tant* par personne.

x) Il s'est fixé des buts *tant* immédiats que lointains difficiles à atteindre.

y) Ils avaient les pieds et les poings *liés*. Ils ne pouvaient plus bouger.